李珀榕 著

中国城镇化建设模式研究报告

国家行政学院出版社

前　言

党中央国务院提出城镇化国策，牵动了全民族乃至国际社会的高度关注。

2012年12月28日，李克强副总理在会见世界银行行长金墉时指出："中国已进入中等收入国家行列，但发展还不平衡，尤其是城乡差距量大面广，差距就是潜力，未来几十年最大的发展潜力在城镇化。我们推进城镇化，是要走工业化、信息化、城镇化、农业现代化同步发展的路子。"①

这一指示，为我们研究未来发展的道路问题指明了方向。

自上个世纪80年代以来，我国的发展路径问题一直处在社会各界的热议之中。经历了30余年的实践，改革开放所取得的巨大成就和中央一系列新政给广大人民群众带来的实惠举世瞩目。但由于我国是一个农村发展滞后，农村人口占绝大多数的国家，致使在不断改革和进步的社会生活中又出现了许多关系到国家发展大局的新情况或新问题。突出表现在：

一是农村剩余劳动力向城市转移，究竟是不是解决农村问题的基本出路？

① 李克强：《李克强副总理在会见世界银行行长金墉时的讲话》，新华网，2012年12月28日。

二是社会各界力推城市接纳农民，那么中国现有城市到底能接受多少农村人口？

三是如何改革或调整才有利解决2亿多农民工长期过着迁徙生活的问题？

四是如何调整经济社会发展模式才有利于国家安全、社会安定、人民安康三大社会生活前提协调运行？

五是社会竭力帮助农民改变现状的今天，农村却又出现了社会财富的巨大浪费发人深省。

六是怎样才能把准城镇化建设的核心主题，切实改变二元格局社会，实现城乡同步快速发展等等。

这些矛盾困惑的现实，迫切需要我们站在民族和国家的宏观战略高度做出冷静而客观的思考，深入探究顺应事物发展规律运行的方式或方略。

为破解这些关系民族长足发展的重大历史性难题，速圆九亿农民的“幸福之梦”，本人在历经长时间的农村调研基础上，遵循中央关于体制机制创新精神，采取跳出农村想农村，并借用多学科的知识作参考，从而探究了一套系统解读城镇化道路科学运行的“四大”模式：

一是“万镇”模式；

二是“企业战略转移”模式；

三是“城市内优外特”模式；

四是“扬弃式现代农业”模式。

剖析“四大”模式的各自功能和内在联系，可以看到这套系统模式的运行，将在中国城乡架起一座协调发展的桥梁，从源头上夯实城乡一体化的基础。镇！不仅是我国城镇化的重点，而且是中国农村的希望！

“四大模式”的构架和研究，已于2009年底完成了《专著》撰著，2010 年 1 月由国家行政学院出版社正式出版。该书公开发行后，社会反响较强烈，并受到了众多专家、学者、教授和政府官员的称赞及认同。

党的“十八”大以来，遵照各界朋友的建议和意见，对拙著有关章节的内容和提法做了适当调整和补充，专家们认为，该书论述的“四大模式”，充分考虑了我国国情，应该是快速推进城镇化建设和城乡一体化发展的可行操作模式，鼓励再次出版供参考。

因本人水平有限，论述中难免存在不妥或疏漏之处，欢迎广大读者和同仁不吝赐教。

李珀榕

2013 年 2 月 8 日于北京

目　录

第三章 调整城乡发展模式刻不容缓

第四章 “万镇”模式

第五章 “企业战略转移”模式

第六章　“城市内优外特”模式

第七章　“扬弃式现代农业”模式

第八章　发挥舆论优势进行食品革命大讨论

第九章　六大主题客观论证城镇化道路是中国社会发展的必由之路

第十章　城镇化建设的配套措施

绪　论

近些年来，我在从事社会调查中常听到这样的议论："在我国，只要改变了农村，就改变了中国！"

可见，解决农村问题无疑是全党和全国人民21世纪最重大的政治任务。

习近平总书记指出："要坚持实事求是的思想路线；分清主流和支流，坚持真理，修正错误，发扬经验，吸取教训，在这个基础上把党和人民事业继续推向前进。"①

总书记的指示明确告诉我们，必须勇敢的面对现实，正视现实；客观看待前进中出现的矛盾或问题。与此同时，大胆坚持真理，及时修正错误，我们党的事业就能朝气蓬勃地向前发展。

根据党中央国务院出台的一系列重大政策精神，结合本人多年以来对农村问题的调查研究，从有利中华民族长远发展要求考虑，感到当前有几个关系社会大局协调运行方面的情况，需要从战略上进行必要的调整：

一是社会呼吁农村剩余劳动力向城市转移不切实际。

因为近十年来全国转移农村人口只是农村总人口的百分之十左

---

① 习近平：《在新进中央委员会的委员、候补委员学习贯彻党的十八大精神研讨班开班式上讲话》，新华网，2013年1月5日。

右，而且绝大部分是大中城市周边被国家征收了土地的农民；全国多数农村的流动人口真正在城市落户扎根的农民工仅占农村总人口的百分之二左右。现有农村人口即使只分一半进城按城市居民生活条件配置，就需新建 40 个广州市才能容纳，那是多么遥远的历程，说明在我国农民向现有城市转移只是个美好愿望，几亿农民的根本出路不在现有城市。

二是当今中国农村发展的核心主题应该是解决农村的“造血功能”。

中央提出城镇化国策和新农村建设要求达到“生产发展、生活宽裕、乡风文明、村容整洁、管理民主”的总体目标，其本意都应是建设农村。是因为农村相对城市而言落后了，在特定时间内把国家建设的重心放到农村去，增强农村自身“造血功能”是根本，而不是把几亿农民引向经常不安定的大流动状态。

三是农村青壮劳动力长期流向城市农村突显缺少建设主力。

我们不能容忍长期留下一个落后于城市的乡村。但也同样不能同意留下一个冷漠荒凉并让丰富资源严重浪费的农村。农村的发展还在于建设农村自身，城镇化才是农村的基本出路，镇！才是农村的真正希望。由此，农村必须要有相适应的强有力的建设队伍。

四是今日农村出现了社会财富的巨大浪费需要从宏观战略上进行调整。

近些年，中央财政大量投入，使农村基础设施得到了全面改善，但利用率极低；尤其是农民由于家庭经济条件的改变，一般都在农村修建了新居，而多数农民常年挤在城市，家里的住房长期闲置，农村出现了社会资源和财富的惊人浪费，迫切需要从宏观战略上做出调整。

五是农村发展关键在于农村当地创建主战“舞台”。

解决农村的“造血功能”，必须在农村解决“造血功能的工具”和机制。即通过政策导向，在农村城镇搭起千千万万个主战舞台，形成农村新的就业格局。如果农村长期不能解决几亿农民的就业机制，必然导致严重的社会问题。

六是大批农民长期过着迁徙生活，存在许多难以解决的实际困难和因此导致的社会问题。

近些年来，在城市务工的人群，已经存在许多困惑。如农民夫妻情感和家庭稳定问题，子女教育问题，老人照料问题，一代接一代的留守儿童心理扭曲问题，农村资源浪费问题，甚至落水儿童找不到人救助和幼女遭奸问题等，都需要社会从根上采取有效对策。

农民进城务工的实践和历史的经验启迪我们，在对待全民族整体发展大局的宏观规划上，还必须理智的克服单从经济角度谋求发展的观点，应把国家安全、社会安定、人民安康三大社会生活前提作为确立国家大计方针的基本要素，紧紧围绕城乡经济社会协调发展这根主线构架发展模式，才能有利于从根上解决现实中存在的矛盾或问题，使社会生活呈现更加良性化的运行。

一、国家安全需要人口合理布局

当今世界，战争消烟并未远去。从国家安全考虑，人口过于集聚大中城市，难免后患无穷。虽然我们国家经过几十年全党和全国人民创造性的艰苦奋斗，经济发展已成为世界第二大经济体；军事力量和国家防御外敌侵略的能力也获得很大增强。但国际形势的风云变幻，一些国家势力任意结为战略伙伴关系给中国制造威胁，不得不让我们提醒自己，理所当然应随时保持高度警惕。国家安全决定了在发展模式中奠定科学防御基础，是全民族的长久大计和大业。历史的经验告诫我们，防御是一门大学问。从含义方面讲，防御的类别诸多，有思想防御、军事防御、物资防御；有国家防御、地方防御、民间防御；有战时防御、常规防御等等。人口布局防御应是国家安全防御中的重点之一。

现代社会任何一个国家人口过于集聚大中城市，如果一旦面临战争，将出现太多的防御风险：

一是遭受攻击的目标明显；

二是被对方消灭有生力量重点突出；

三是人员疏散速度缓慢；

四是容易造成连带损失；

五是人口高度集中必然形成经济重心集中城市更是防御大忌。

六是人口集中大城市，人们遇战的慌乱，容易形成“麻袋式”困局。

总之，从国家防御战略出发，以科学布局让多数人口散居城镇，同时配备军事防御力量，应该是优化国家安全的重举，也应该是符合军事法则的重要方略。

近几十年来，随着我国经济突飞猛进的发展，中华民族的国际地位得到了快速提升。但我们绝不能因为发展了就可以高枕无忧；也不能因为我们自己讲和平，就肯定别人愿意与你讲和平。我们更不能一相情愿地把世界设想得空前和谐，把中国设想得永远太平，从而毫无顾忌地单纯从经济发展考虑，竭力设计大区经济运营模式。尤其是近些年，不少中等城市在快速扩张的同时，努力设法连片，希望尽快变成大城市，甚至变成国际大都市。我们先把大城市出现的交通压力和市民生活压力等放在一边不说，就从国家安全的角度考虑，这种局面将直接关系到国泰民安的大事，特别需要相关部门引起高度重视，从战略上做出相应调整。

现代战争在很大程度上是空战和导弹战，一个炮弹的袭击，可使整个城市乱作一团陷于瘫痪。2012 年 12 月 17 日，北京一辆救护车仅 3 里距离走了 40 多分钟，致使病人失去抢救时机死在车上，足以说明现代化大城市应对灾难的脆弱性。这种城市人口过于集中和设施状况，假设一旦遇上突发战争或地震，全城人就像装进了火锅的“泥鳅”，随着水温的升高，立马出现慌乱挣扎局面，导致谁也让不了谁，谁也没法离开险境，难免遭受沉重打击，国家损失将无可估量。

二、社会安定需要便于管理的就业机制和人民安居条件

中国人有句古话，叫“安居乐业”。这是人类最基本的生存要素。安居，包括了安定、即住所固定、安全，能规避风险，并有合适的空间以及较好的环境等。环境又包含了地理位置、周边环境、空气质量、交通状况、生活基础设施等等。

历史上，人类居住环境的改善，从来都是人类社会推进文明进化的重要内容之一。人们在安定稳固的居所生活和长期过着流动生活的心态是完全不一样的。如果一个人长期没有固定的住所，社会是很难对他进行有效管理的。

这里我们有必要厘清，今天农村人口大流动的来由。在社会漫长的发展史上，人类的居住地选择，经历了三个大的变动阶段：

一是群居于大山之中的原始部落阶段；

二是走出大山迁到平地居住的庭院村庄阶段；

三是随着商业和工业的兴起，出现了城市，形成了城市与乡村并存的二元格局阶段。

城市的出现是社会的进步，严格的说是科学技术的进步，导致社会大分工的结果。城市作为先进生产力的代表，是因为她聚集了社会最先进的科学技术手段和科研成果。

20世纪80年代以前，我国的工业、商业、文化、经济等社会生活中的四大主业基本集中在城市。与城市相对的广大农村既不通电，也不通公路，三无通讯设施等封闭落后的局面，形成了鲜明的二元差距对比。这种差距的存在，引发了人们的热切思考，从而出现了上世纪九十年代以来，社会各界共同呼吁农民工向城市转移的热潮。大家都本着良好意愿想象，只要农民进了城，中国就能消除贫困，消灭落后的乡村，使全国人民都过上同等幸福的生活。

然而，当亿万农民涌入城市后，却出现了许多难以预料的新情况和新问题，尤其是2亿多人长期处在流动状态，除了流动人口自身遇到许多问题难以解决外，而且还造成了许多不安定因素，给社会管理部门带来了难以预料的困惑。2008年某大城市某区公安系统办理的3000多个刑事案件，百分之九十以上涉及农民工。而这些失足人群中多数又是青年，自然反映了深层次的事因，不得不引人深思。

从人类正常情感需求和家庭亲情维系方面看，人口大流动形成的社会矛盾也较为突出。2007年春节，南方冰灾造成南北交通大瘫痪，广州车站滞留60万人的情景更发人深省。这些问题的根源都在于人口集中导向城市的结果，社会从就业方向和机制上做出调整已成当务之急。

三、人民安康需要人与自然和谐共处

在社会生活中，人类的活动除了对社会有所贡献外，在很大程度上应是为了人类自身活得“轻松舒适，健康长寿”。遵循这个前提，我们应该认识到，人们所处的生活环境，直接关系到人们的生活质量，关系到人的健康和寿命。换句话说，就是人民安康取决于人与自然和谐共处。

人与自然的和谐，主要包括人类生存环境有利人们心身健康，自然界提供的食品、空气和水有利人民健康长寿等两大类。

中国工程院院士钟南山指出：“现在呼吸系统疾病的发病率和成因，已经直接指向了大气污染。灰霾不光是对呼吸系统，对心血管、脑血管、神经系统都有影响，但首当其冲的还是呼吸系统。北京十年来肺癌患者增加了60%，这是一个非常惊人的数字，应该说空气是一个非常重要的原因。”“大气污染比非典可怕得多。”“非典你可以考虑隔离，可以想各种办法，但大气的污染是任何人都跑不掉的。”“要是灰霾从25个微克增加到200微克，日均病死率可以增加到11%。[①] 2013年元月，北京在这个月内却出现24天雾霾天气，不得不让人们对大城市的生存环境提出质疑。根据环保专家的评说，这与人口过于

① 《新华每日电讯》第四版，2013年2月1日。

集中，机动车辆多，各种废气排放量大等有着直接关系。从这个意义上说，广大农村应是“生态人居和有利健康长寿的天然氧吧。”面对现代城市人口密集、绿地较少、交通拥挤、空气污染、住房紧张、生活压力大等现状，人们更应该清楚地看到广大农村地域辽阔、资源丰富、空气新鲜、环境优美的独特优势。尤其是近些年，农村通了公路，通了电源，通讯全覆盖，如果居住在农村中心镇，会让人感觉舒适无压力。从生活质量和健康长寿这个根本问题来考虑，农村是我们人居的理性选择。何况生态、安全、优质的人类生活食品，也是从农村生产出来的。城市食品工业也只有利用来自农村的生态、安全食品原料，才能生产出安全加工食品。所以农村是一个支撑人类健康生命的发源地，我们不能轻视农村，也不能简单地断定农民只有进城才有出路；更不能轻视农民和农业，特别重要的是社会应该改变观念，充分认识到农业是一个高尚的产业，农民是一个高尚的职业，重视农民和农业，应胜过重视其他行业和职业，因为这是一个养命、活命、确保人类健康长寿的职业和产业。

综上所述，我们可以得出一个结论，解决中国社会二元格局的问题，绝不宜只看到城市先进的一面，不宜盲目地将几亿农民往城市引。必须清楚地看到生态人居的“大本营”，理所当然在广大农村。只有把农村建设好，使广大农村活跃起来，让人口大国的多数人聚居于广大农村的中心镇，人与自然才能真正和谐，才会开创出人类生活的崭新局面。

而近些年人口过于集中城市，特别是集中于大城市，造成了生态间的严重失衡，无疑浪费了有利人类健康生存的巨大资源，迫切需要从宏观政策上出台新的导向。

上述三大社会生活前提的客观现实要求，充分说明我们的发展路径不能单纯从解决人们经济困境去思考，全面兼顾国家安全、社会安定、人民安康三个方面应是我们在设计经济社会快速发展运行模式时必须考虑的重要因素。

然而，由于我们在经历一场历史性大变革过程中，没有现存的经验可借鉴，以致近年来我们农村发展在取得巨大成就的同时，又出现了许多新情况。

李克强副总理在会见世界银行行长金墉时指出："13亿人的现代化和近10亿人的城镇化，在人类历史上是没有的，中国这条路走好了，不仅造福中国人民，对世界也是贡献"。①

党中央国务院确定的城镇化道路，其内涵应该是在稳定城市发展的同时，重点通过在农村建镇，使广大农村开创新的就业机制，实现人的城镇化，农民收入城镇化，生活质量城镇化，而不是集中大城市化，不是高楼化，更不是地产化。镇的发展定位，这正是全面解决上述矛盾和问题，实现城乡同步协调发展的重大战略国策，是中国社会科学发展之路，安全发展之路，是功在当代，利在千秋，切实改变中国的大业。

本拙著创立的"四大模式"，就是遵循党中央国务院关于体制机制创新的精神，紧紧围绕城镇化国策的内涵和主题，针对我国国情的特点而构架出来的整体系统操作模式。

预计，通过推行"四大模式"，将充分发挥城镇化道路的独特威力，从源头上有效化解诸多社会矛盾，对基本解决农民就地安置、安居乐业；对减轻城市生活压力；对维护社会正常秩序；对推进全国户籍制度改革；对维护人类食品和环境安全；对优化广大民众的生活质量；对充分利用我国各地大好河山的优良资源，建设美丽中国等都会起到至关重要的作用。

特别是对拉动内需，对确保国家安全，对维护社会安定，对推行"生态文明"、对实施城乡统筹和协调发展等几个大的方面，开创全国一盘棋的总体布局，都将发挥不可估量的历史性作用。

---

① 李克强：《李克强副总理在会见世界银行行长金墉时的讲话》，新华网，2012年12月28日

总之，“四大模式”的实施，可从客观上系统论证城镇化国策的科学性、必要性、可行性！并全面展示城镇化战略的国策威力，充分体现从根上解决诸多社会矛盾的巨大功能，应该是符合中华民族根本利益的创新思路。

下面，将在第四章、第五章、第六章、第七章分别对“四大”运行模式作出系统论述。以抛砖引玉，共同探讨。

第一章　载入青史的成就

新中国成立以来，我国这个复杂而又沉重的农村问题，一直压在党和政府的肩上，压在千千万万个对中国农村怀着深厚真情的社会各界人士心上，让人们实在难以开怀。

当历史跨入21世纪的时候，解决这一沉重问题的伟大时刻终于到来。2005年底，在北京召开的党的十六届五中全会直破此题，汇聚在人民大会堂的代表们为中央正式解决这个由来已久的农民问题，全场爆发出雷鸣般掌声，为建设社会主义新农村而激情祝福！

一时间，中国农村从江南水乡到雪域高原，从东部乐园到黄土高坡，到处呈现着喜悦景象。九亿农民从心底发出的笑声穿过山村、飘过原野，汇成一首昂扬的赞歌：感谢党的好政策！此时此刻，无论在首都北京，还是在各个城市，亿万市民都发自内心的祝福：祝福农民兄弟的命运发生历史性转变！祝福中国农村奔上光辉大道的锦绣前程！国内外人士广泛评说：2006年的春天，既是中国农民感受春意最浓的春天，也是党中央、国务院着力创建一个伟大时代而起航的春天，更是历史见证当代党和政府一心改变农村面貌，提高国民生活质量的伟大春天！

胡锦涛主席在党的十七次全国代表大会上指出："解决好农业、农村、农民问题，事关全面建设小康社会大局，必须始终作为全党

工作的重中之重。”①

党中央国务院的英明决策，使中国农村迎来了前所未有的发展机遇。紧接着，地方政府认真贯彻中央精神，新农村建设热潮在全国兴起。几年来，由于各级政府的奋力推进，中央财政的超常规投入，新农村建设如旭日东升，照耀着神州大地，照亮了广大农民开拓奋进的前程！全国各地呈现出催人奋进的景象！

一 中央加大投入为新农村建设和城镇化注入了强大动力

《中共中央关于推进农村改革发展若干重大问题的决定》指出："加快建立健全以工促农、以城带乡长效机制，调整国民收入分配格局，巩固和完善强农惠农政策，把国家基础设施建设和社会事业发展重点放在农村，推进城乡基本公共服务均等化，实现城乡、区域协调发展，使广大农民平等参与现代化进程、共享改革发展成果。"②

中央的决定，使我国农村赢来了前所未有的发展机遇。自从中央在全国取消农业税以来，中央财政每年对农村的投入逐步加大。各项补贴名目繁多，让广大农民倍感党中央、国务院对农村的重视空前！

用农民的话说："做梦也没想到可以不交皇粮，更没想到国家还到给农民补贴。现在，中央的政策真是好得让我们没话说了。"农民的朴实语言发自肺腑。的确，这些年中央对解决农村问题的重视程度超过了历史上的任何时期。

---

① 胡锦涛：《高举中国特色社会主义伟大旗帜，为夺取全面建设小康社会新胜利而奋斗》，《人民日报》，2007 年 10 月 25 日。

② 《中共中央关于推进农村改革若干重大问题的决定》，《人民日报》，2008 年 10 月 20 日。

2007年，中央财政对“三农”的总支出高达4318亿元，较上年增长22.8%，新增并用于“三农”的各项支出就达801亿元，是历史上最多的一年。农村1.5亿名中小学生免交学杂费，3800万名家庭经济困难的学生得到免费教科书。农村新型合作医疗覆盖范围达80%以上。新改建农村公路42.3万公里，乡镇通公路率达到了98.5%，建制村通公路率已达88.2%。①

温家宝总理在2009年政府工作报告中回顾：“全年中央财政用于‘三农’的投入为5955亿元，比上年增加1637亿元，增长37.9%。其中粮食直补、农资综合补贴、良种补贴、农机具购置补贴资金达1030亿元，比上年增长一倍”。

“2009年，中央财政安排‘三农’投入7161亿元，比上年增加1206亿元”。② 近3年中央安排“三农”投入每年都已超万亿元。

2007年，中央决定在全国范围内实行农民最低生活保障制度，2000多万贫困农民被纳入低保范围。标准在1000～2000元。2009年，中央财政投入了200多亿元加强县、乡两级医疗卫生机构和村级卫生室的建设。

1998年6月以后，国家实施了两期大规模农村电网建设改造，累计投资达3800亿元，超过建国50年农网投资的总和，使中国形成了世界上最大的农村电网。乡、村、户通电率分别达到98.6%，98.5%，98.4%。③

这一切变化是党和政府高度重视“三农”问题的结果，是党的好政策带来的巨大变化，为我国城镇化建设铺垫了必备的良好基础。

---

① 张晓山，张淑英，李周，盛来运：《中国农村经济形势分析与预测》，社会科学文献出版社2008年版，第16～30页。

② 温家宝：《政府工作报告》，《人民日报》，2009年3月15日。

③ 张晓山，张淑英，李周，盛来运：《中国农村经济形势分析与预测》，社会科学文献出版社2008年版，第28～30页。

二　昔日封闭的乡村而今公路畅通无阻

翻开中国农村的发展史，那是一幅长期处于封闭自守、贫穷落后的简洁画卷。千百年来，由于农村不通公路，不仅阻碍了人们的出行和社会交往，而且严重制约了生产和物流的发展。

改革开放后，随着城市突飞猛进的发展，农村基层政府也千方百计努力筹措资金，着力改善农村的交通条件。但因基层财力十分困难，既无内力又无外援，使得绝大多数地方的计划难以变为现实。

近几年来，中央财政和地方政府对农村的投入就像造就了无数支彩笔，在广大农村的版图上绘制出了乡村的通畅线路图，“到 2008 年全国新建、改建农村沥青水泥路约 105 万公里”,① 大大改变了农村落后的交通状况。

湖南省在新农村建设中，根据中部地区的特点，为适应与国际接轨的需要，把交通建设摆到了区域经济发展的重要位置。近几年以来，湖南省委、省政府从 3 个方面力推公路基础设施建设：

1. 站在时代高度　作好全省系统规划

省委、省政府针对湖南丘陵面积大、平原土地少的特点，提出了高起点、高标准、高速度建设全省城乡公路的战略。并把全省区域内高速公路网络化建设列为打造湖南现代工业、现代农业、现代社会生活的基础性工作。

截至 2009 年底，全省高速公路通车总里程达2225公里，在建高速公路3500公里，全省 14 个市州全部通高速，全省全部县乡均受益，其中直接通达受益的县区 60 个，乡镇1200个。

---

① 张晓山，张淑英，李周，盛来运：《中国农村经济形势分析与预测》，社会科学文献出版社 2009 年版，第 221 页。

2. 加大扶助力度　提高乡村公路级别

近3年来，湖南各地在乡村两级公路建设中，坚决贯彻中央关于农村基础设施建设的指导方针，省委、省政府根据总体设计要求加大扶助力度，在省交通厅的具体督导下，坚持3个不改变，即：资金紧张不改变质量标准；时间紧张不改变应建里程；地形复杂不改变设计要求。经过全省干群的共同努力，到2009年底，全省2336个乡镇中已有2230个乡镇修通了水泥（沥青）路，47869个行政村。已有34620个修通了水泥（沥青）路，预计到2012年，基本实现水泥（沥青）路普及全省行政村。

3. 领导亲自主战　确保规划如期推进

在湖南调查时，相关人士介绍，省委、省政府主要领导人亲自参与制订规划；亲自过问交通建设进展情况；亲自下到交通落后区域调研，及时提出指导性意见；亲自与交通主管部门沟通，加大对特殊困难地区公路建设的扶助力度。

省交通厅遵照省委、省政府的决策，坚持不懈地逐级抓落实。针对全省高速公路和乡村水泥（沥青）路两大规划，厅领导带领一班人，不分严冬酷暑，经常奔波在全省的公路建设工地。注意及时发现问题，及时解决问题，确保建设工程质量。

在省委、省政府的直接领导下，在省厅一班人的带动下，全省各级党委政府和市县交通部门齐心协力，短短几年间使湖南的公路建设取得了辉煌成就。

如今，全省的多数农村，汽车可以直接开到农户家门口，乡下人出行不再犯难了。这一统建工程，使无数个小乡村轻松通向了大世界。

三　农民的生活设施得到很大改观

长期以来，我国农村处于落后的问题有 5 个方面：

一是饮水无安全水源；二是茅坑简陋无厕所；三是照明使油灯；四是做饭烧柴火；五是“通讯基本靠吼、取暖基本靠抖、出门基本靠走、保安基本靠狗”。

自 2005 年以来，中央政府十分重视改变农民生活设施的落后状况。中央相关部门已在全国大规模推进农村电网改造和农村饮水安全工程。“到 2008 年，全国 530 多万户2400多万人口的用电问题和 1.3 亿农村人口的安全饮水问题得到解决，新增农村沼气用户2159万户，广播电视村村通工程已覆盖到 50 户以上的自然村。据第二次农业普查数据显示，目前全国通公路、电话、通电和能接收电视信号的行政村比重均已达到 95%以上，80%以上的乡镇有邮电所。文化教育，环境卫生和医疗机构也得到大幅改善，目前 85%以上的村庄在 3 公里范围内有小学，98%以上的乡镇有医院或卫生院，72%的镇实施集中供水，37%的镇有垃圾处理站。”①

四　地方政府为城乡协调发展寻找万全之策

中国农村的路子究竟如何走，全国各地都在认真思考、积极推进这一划时代意义的事业，并在实际中探索出了一些有效的途径。

重庆市委、市政府为了加快城乡协调发展步伐，采用了“五个一体化”做法。

---

① 张晓山，张淑英，李周，盛来运：《中国农村经济形势分析与预测》，社会科学文献出版社 2009 年版，第 220～221 页。

1. 推进城乡基础设施一体化

近年来，重庆市针对重庆农村山区面积大，交通落后的特点，把农村基础设施建设纳入了重点。在加大全市农村公路设施建设的同时，新建大、中型重点水源工程17座，基本建成4个大型灌溉区和25个节水示范灌溉区，新增有效灌溉面积8万公顷，解决了289.33万农村人口的饮水困难，解决了122.65万农村人口的饮水安全问题。

2. 推进城乡经济发展一体化

重庆市委、市政府依据中央关于推进城乡经济协调发展的有关精神，制定了本市城乡一体化发展的措施，有效促进了全市农村经济的快速发展。2007年，全市农村经济总量达到1428.6亿元，是直辖前的2.9倍。全市农民人均纯收入达到3509元，比直辖前净增加2030元。

3. 推进城乡劳动就业一体化

重庆市的辖区农村当地很少有企业，农村劳动力就业压力大。市委、市政府采取措施加大培训力度，让农民工拥有一技之长，赢得城市企业的欢迎，有效地促进了农村劳动力向对口支援省市和沿海经济发达地区转移。

4. 推进城乡基本公共服务一体化

近年来，重庆市针对农村贫困家庭子女、城市低保家庭子女、三峡移民子女、农村退役士兵等人员培养教育方面的困难，建立了以县为主的农村教育管理体制。对上述人员就读中等职业学校实行政府助资、免收学费，并给予生活费和住宿费补助，使其享受到与城市相应的公共服务待遇。

5. 推进城乡户籍管理一体化

目前，重庆市启动了打破城乡户籍制度，实行城乡户口一体化，将农业户口和非农业户口统称为重庆市居民户口，并放宽了一系列户口迁移限制。这是一个令人欣慰的事情，必将成为我国户籍制度的有益探索之典范。[①]

历史上的山东农村，也是一个富于创新精神的地区。经过30余年的改革开放，使山东农村发生了巨大变化。近年来，山东的县（市）乡（镇）政府认真探究农业现代化的途径，大胆实施农业产业结构调整。

在潍坊市的寿光、昌乐、诸城，烟台市的莱阳、福山，威海市的荣城、乳山等地县（市），大块连片的蔬菜基地，一望无际的塑料大棚令人惊奇，少则一片数百亩，多则几十万亩。

称之为中国蔬菜之乡的寿光是个100万人口的县级市。这个市种植蔬菜的面积达92万多亩，依靠自己的力量和社会各界的支持，先后创新优良品种3000多个，并举办了寿光蔬菜国际博览会；同时，先后投资2.5亿元，建成了长达16.3公里，面积达7.5万亩的寿光农村高新技术走廊，发展30多个高科技项目，其中有以色列海拉种子公司，荷兰瑞克斯旺种子公司等20多个合资、独资项目；产品质量参照国际标准，建设了21个无公害蔬菜基地，全市有300多名农民走出国门到美国、韩国、俄罗斯、委内瑞拉等国家创办蔬菜农场，设立经销公司，年经营额达2000多万美元。全市已建起40多家加工企业，加工的蔬菜产品不仅销往全国各地，而且已打入了国际市场，20多个国家吃上了中国寿光蔬菜。

在这一发展过程中，县乡政府始终把握一个道理，行政管理的任务落到基层，就是创造一个优良的经济发展环境，引导广大农民劳动致富，协调解决社会生活中的各类矛盾，帮助人民群众解决发

① 宋洪远，徐雪，刘光明：《中国农村改革过去与未来》，中国农业出版社2008年版，第282～285页。

展中的困难和问题，实现政府和企业，政府与人民两方积极性的互动效应。全市实现了市、乡、村、户，四台机器一起转，农民从小生产引入了大市场，有30多万名劳动力从土地上解放出来从事非农产业，生产出来的蔬菜90%以上销往全国各地，并已开通寿光到北京、哈尔滨、广州的“绿色特通列车”，还开通了到韩国、日本、美国、委内瑞拉等国家的“海上通道”和“空中走廊”。寿光的这一创举，可称是当今农业领域的奇迹。

在我国西南的贵州省遵义市龙泉村推出的“四在农家”活动，对改变当地农村的落后状况发挥了积极作用。

龙泉村原本是一个贫穷落后的半山村落。但这里的村民不满足于解决温饱的现状，在村党支部书记的带领下，积极推进4项工作：一是成规模地种植红金橘实现增收致富。村委会组织大家成立柑橘协会，学习科学技术和法律知识，制订村规民约；二是硬化连户路、改水、改灶、改厕、改善人居环境；三是倡导尊老爱幼、男女平等、夫妻和睦、邻里团结的家庭美德；四是倡导爱国守法、保护环境的社会公德，倡导讲文明、改陋习、树新风，使村容村貌和农民精神面貌发生了很大的变化。

遵义市委把龙泉村的经验总结归纳为“富在农家、学在农家、乐在农家、美在农家”活动，作为城乡统筹的典型，并在全县示范推广。随后遵义市委宣传部对此进行了认真的调查研究，遵义市委在遵义县召开了现场会，并在全市推广“四在农家”为载体的创建活动，以农村一家一户得实惠为目的，以“五通三改三建”（通水、通路、通电、通电话、通广播电视，改灶、改厕、改环境，建图书阅览室、建文体场所、建宣传栏）为切入点，[①] 引导农民走一条切实可行的发展道路。

---

① 江潭瑜：《中国新农村调查》，人民出版社2007年版，第151～153页。

五　乡村干部综合素质明显提高

近两年，大学生当“村官”，这是改革开放中出现的一件具有深远意义的新鲜事。大批大学生走向农村，直接参与村级行政管理工作，首先是改变了村级领导班子成员结构成分，给村级班子带来了活力和新观念新思路；其次是为社会减轻了就业压力，又正好迎合了农村的需要。第三是农村天地广、舞台大，大学生带着智慧的头脑和所学的专业知识走入农村，一定能更好地发挥其聪明才智，干出一项或多项显赫的业绩来，实现自己的人生价值。我国的农村建设，人才战略是一件急需解决的大事，加大人才培养的投入，对改善农村的骨干队伍占有重要地位。

2008年12月23日，人民日报头版头条报道，由共青团中央网络影视中心等联合发起的首届“中国十佳大学生村官”评选活动揭晓后，当选的大学生“村官”给胡锦涛主席写信汇报。这封信寄往中南海。不久，胡锦涛主席在信上作出重要批示，称赞十佳大学生创业“村官”的激情和奉献精神难能可贵，要求有关部门加强与大学生“村官”联系，对他们所提出的关于完善大学生“村官”工作长效机制的建议进行研究。胡主席的这一批示，是对全国大学生“村官”的巨大鼓舞，为选聘高校毕业生到农村任职工作指明了前进的方向。

随后，中央组织部会同教育部、财政部、人力资源和社会保障部召开座谈会，要求认真做好选聘高校毕业生到农村任职工作，切实抓好上岗教育培训，制定和落实激励保障政策。截至2008年10月底，31个省区市和新疆生产建设兵团已选聘7.8万名高校毕业生到村任职。①

---

① 李亚杰：《殷切在勉励　激情的奉献》，《人民日报》，2008年12月23日。

河南省针对农村发展必须强化人才和加强基层班子建设的战略，2009 年全省动员了 4 万名大学生下乡当“村官”，使村级班子的成分发生了重大变化，为农村领航队伍带来了生机。年轻大学生带去了许多新观念，为农村建设注入了新鲜血液。

北京市从 2007 年就开始号召和选拔大学生下乡当“村官”，几年来先后安排近万名大学生下到市郊乡村，在政府的指导下，大学生们不怕吃苦，勤奋工作，取得了十分可喜的成绩。

据中央电视台二频道报道，山西省 2008 年全省有34000名大学生积极报名要求下乡，经过挑选安排了8000人当“村官”。①

湖北省通城县黎锦林，大学毕业后在上海做经营。2006 年家乡宝塔村想找一名大学生当“村官”，黎锦林接到家乡的邀请，放弃了个人在上海的事业，回乡担任村支书，凭自己的智慧办起了纱布厂。经过近 3 年的努力，年产值现已达 2 亿多元，职工月收入在2000元左右，成为大学生当“村官”引民致富的典型。

江西省举行“从井冈出发”宣誓仪式，组织 710 名新选聘大学生“村官”向革命烈士敬献花圈，庄严宣誓，接受革命传统教育。湖南省各县妇联重点服务大学生“村官”，并设立“热线电话”。②

广东、天津近年来都选拔了大批大学生充实农村乡村两级领导班子，大大提高了基层干部的综合素质。

六 农民生活得到很大改善

2006 年温家宝总理在政府工作报告中指出：“在全国彻底取消农业税，标志着在我国实行了长达2600年的这个古老税种，从此退

---

① 中央电视台，2008 年 5 月 31 日。

② 李亚杰：《殷切在勉励 激情的奉献》，《人民日报》，2008 年 12 月 23 日。

出历史舞台，这是具有划时代意义的重大变革”。“农村税费改革不仅取消了原先336亿元的农业税赋，而且取消了700多亿元的‘三提五统’和农村教育集资等，还取消了各种不合理收费，农民得到了很大的实惠”。①

的确，这几年农民的收入发生了很大变化。2004～2008年，农民人均纯收入连续5年增速超过6%，2008年农村居民人均纯收入达到4761元，比上年增加621元，增长15%。扣除价格因素影响，实际增长8%。2008年农村居民实现购买力达到4872元，比2007年增加670元，增长16%。说明农民的生活水平确实提高了。

农村居民生活消费支出人均3661元，比上年增加437元，增长13.6%，扣除价格因素影响，实际增长6.6%。居住条件和居住环境持续改善。农村居民人均居住面积32.4平方米，比2007年增长2.5%，其中，61.5%的农户人均居住面积大于25平方米。在农村居民住房面积增加的同时，居住条件也有不同程度的改善，一是住房卫生条件持续改善，2008年使用水冲式卫生厕所的农户占17.5%，比2007年提高了1.1个百分点，无厕所的农户占7.4%，比2007年减少0.5个百分点；二是使用沼气的农户占3.2%，比2007年提高0.1个百分点；三是2008年饮用自来水的农户占43.2%，比2007年提高了1.9个百分点；四是住房外部环境改善，2008年有42.2%的农户住宅外修通了水泥或柏油路面，比2007年提高了3.4个百分点。这些数据让我们欣慰，让我们振奋，更让我们看到了希望。尤其是近几年来，农民购买电器设备的家庭快速增加。2008年平均每百户农村居民家庭拥有洗衣机49.1台，电冰箱30.2台，摩托车52.5辆，电话67部，移动电话96.1部，空调9.8台，抽油烟机8.5台，微波炉6.2台，热水器19.8台。此外，平均每百户农村居民家庭拥有农用汽车1.3辆，

---

① 温家宝：《政府工作报告》，《人民日报》，2006年3月16日。

家用计算机5.4台，[1] 绝大多数农户都拥有彩色电视机。

农村购买电器出现的趋势，充分说明我国农村近几年来农民的经济状况已发生了根本变化，富裕家庭群体迅速发展壮大。

七 农村合作医疗和社会保障形势喜人

长期以来，农民看病难的问题和基本生活保障问题一直备受社会关注。过去因受相关条件制约，广大农村在较长时间内，这两个问题未能得到满意的解决。近3年来，由于党中央、国务院高度重视解决农民现实生活中的热点和难点问题，农村的合作医疗事业和社会保障事业都得到了快速发展。

乡村医疗卫生服务体系逐步得到了恢复和建立。乡村的妇幼保健水平不断提升，近3年来，孕产妇死亡率和婴儿死亡率已出现大幅度下降。合作医疗出现全新局面，现行农村合作医疗，体现了公益性质，农村基本实现了人人享有基本医疗卫生服务，乡镇卫生院有了良好发展。

温家宝总理在2009年年初的政府工作报告中指出："医疗卫生改革发展稳步推进，参加新型农村合作医疗的人口8.14亿，参合率91.5%"。"今年要全面完成规划支持的2.9万所乡镇卫生院建设任务。今后三年内中央财政再支持5000所中心乡镇卫生院、2000所县级医院和2400所城市社区卫生服务中心建设，支持边远地区村卫生室建设，实现全国每个行政村都有卫生室"。

温家宝总理还强调："从今年开始，在全国农村实行住院分娩补助政策，定期为孕产妇做产前检查和产后访视，为3岁以下婴儿做生长发

① 张晓山，张淑英，李周，盛来运：《中国农村经济形势分析与预测》，社会科学文献出版社2009年版，第107～222页。

育检查”。与此同时，国家还出台了一项特别鼓舞人心的政策：“将农村部分计划生育家庭奖励扶助标准由人均600元提高到720元”。①

我们知道，自从党中央、国务院宣布实施农村部分计划生育家庭奖励扶助制度的那天起，广大农村就有千千万万的计划生育家庭从此享受“退休干部”待遇。农民们感动地说，做梦也没想到，我们农民也能月月领到国家发给的“工资”。记得2006年这项政策出台后，不仅在农村引起了强烈反响，而且国际友人也给予了高度评价！

好事不离双。今天农村社会保障体系也得到了推广。新型农村社会养老保险试点在全国推开，出台了养老保险关系转移接续办法，农村低保基本实现了应保尽保。

近些年，农民被称之为弱势群体，已引起了社会的广泛关注。党和政府对农民生活的关怀，已使这个巨大的弱势群体在生活上基本得到了社会保障。不仅充分体现了社会主义制度的优越性，而且也体现了社会的文明与进步，代表了一个时代的社会风貌，有着十分重要的现实意义！

八　农业科技创新体系不断完善

我国的农业科技创新队伍力量雄厚，创新能力在国际上享有盛誉。早在20世纪80年代，我国水稻专家袁隆平就被世界称之“水稻之父”。近些年，国家对农业科技创新体系建设十分重视。目前，全国包括中央、省、地、县都建立了农业科学研究院所、农业高等院校等机构，范围涵盖农业产前、产中、和产后各个阶段。这些机构以农业部门为主，涉及水利、教育、林业等。截至2003年底，全国有农业科研机构1170个，比1979年的513个增加近1.3倍，其中

① 温家宝：《政府工作报告》，《人民日报》，2009年3月16日。

农业部所属58个，省属465个，地市属647个。国家和地方两级农业科研院所在科技体系中占据主导地位。

科技创新能力得到提升。中央科研机构主要承担国家重大科研项目，为行业决策服务；地方农业科研机构以应用研究和开发研究为主，着重解决本地区关键性的重大科技难题。截至2003年底，全国农业科研机构专职人员9.6万人，从事科研活动人员5.7万人。各级政府通过改善科研条件，集聚了一批高素质的科技人才，为农业科技发展打下了良好基础。

2005年、2006年、2007年和2008年连续4个中央“1号文件”都明确提出要加快构建国家农业科技创新体系。加强农业科技创新体系建设是发展现代农业的客观要求，是促进农产品竞争力，增强农业增效和农民增收的关键性措施。中央的高度重视，为农业科技发展增加了强大动力。①

九　“科教兴村”为农村发展助劲

近几年，全国不少地方根据当地农村的特点，从“科教兴村”入手，帮助农民在改变传统观念的基础上，采用科学技术种植、养殖，实现农民增效致富。

河北省易县柴厂村是全国“科教兴村”第一村。柴厂村位于绵延千里的太行山脚下，是中国农学会确立的全国第一个“科教兴村”计划试点村。这里的村民依山而居，家家户户独门宅院、红砖灰瓦房。相传，柴厂村因明清时代专门为皇宫提供烧炭的柴火而得名。与小村相距不远的几座葱郁青山上，分布着清代皇帝的几座陵墓。

① 张晓山，张淑英，李周，盛来运：《中国农村经济形势分析与预测》，社会科学文献出版社2008年版，第181～182页。

小村地处穷乡僻壤，却也随处可见潺潺的溪流。应该说，这里也是一块“风水宝地”。然而，据当地干部说，许多年来，村民们在不多的几分地上，就靠种植传统的小麦、玉米过日子。自从开展“科教兴村”，村里发生了大变化。小麦和玉米的产量从过去的每亩150公斤上升到现在的每亩400公斤，吃饭问题不用愁了。农家的柿子树产量从原来的600棵树每年1.5万公斤猛增到5万公斤，每棵树单产由25公斤增长到80多公斤。村民们迅速扩种柿子树，现在全村柿子产量已达50多万公斤，品质也有很大提高，柿子树成了村民们的“摇钱树”。每到秋天，金黄色的大“磨盘柿”挂满枝头，来往采摘、交易的场面热闹非凡，有的人家仅卖柿子每年纯收入就能达到五六千元。

这个村在农业部专家的指导下，除了发展柿树、板栗等林果业，他们更多地选择了种植绿化苗木。在村干部的带动下，大家集资修建了两条水渠，开发出了800多亩地，近500亩种植了果木，300多亩种上了50多个种类的苗木花卉。现在，仅苗木花卉一项，平均每人就获利5000元左右。

过去，柴厂村人均纯收入500元，如今人均收入达到了5000多元。过去，村子里仅有两台旧农用车，如今已经有150辆农用车，近200辆摩托车，250门程控电话。几乎所有的家庭都有彩电、冰箱等家用电器。家家户户用起了沼气做饭、照明。

山东省微山县也是推行全国“科教兴村”计划的试点县。这个县的微山湖有1200平方公里水面，是我国北方最大淡水湖，湖区全部位于微山县境内。水上考察需3个多小时，可看到航道两侧的围网养殖带如同大片田地，边角相连一望无际，荷塘万顷波光点点，这里完全是依靠科技面向市场大力发展水产经济的结果。

当年，全国人大周铁农副委员长考察时当即评价说：“微山全县选择实施‘科教兴村计划’，是一个很有见地的选择，我完全赞赏，十分支持。”

微山县委、县政府已将其列为全县“一号工程”，明确为今后工作的头等大事，抽调专门人员系统论证并制订了详细的计划实施办法。发动农民大力发展特色水产业，充分保护、利用好微山湖水生资源。科学进行低耗高效产业开发，延长产业链条，壮大水产品龙头加工企业的带动实力，面向国际市场提升现有工艺水平，用高标准水产品在更大范围打响微山湖品牌，使其成为区域经济再发展的亮点。

山西省农业厅、湖南省农业厅近些年一直坚持在全省农村推广“科教兴村”活动，组织相应专业技术人员帮助农民解决实际问题，使不少农民获得了较好收益。

十　城镇化典型已在地方兴起

近些年来，各地根据我国农村人口占大多数的国情，在稳定粮食生产，连续5年获得增产的同时，注意开发地方资源和特色产业，率先创建适合农村快速发展的城镇典范。

浙江省绍兴县，充分发挥地方传统工艺的优势，针对国际市场的需求，重点挖掘当地历史悠久的传统技术资源。经过几年努力，把一个普通的江南县镇打造成了闻名中外的轻纺工业城，年成交额达270多亿元，成为亚洲最大的轻纺集散基地。

绍兴县原有60多个乡镇，为了适应农村发展需要和便于发展工业，经过反复调整合并，现已集中成19个乡镇，每个乡镇的干部也压缩到了50多人，大大减少了行政费用，提高了工作效率。尤其是合并后的中心镇，地理适中，有利工业快速发展，成为了充分利用当地资源，解决当地农民就业，提高农民生活水平的良好典范。

这个县的金蝉家纺公司，从老板到700多位员工都是农民，其中，女工 600 多人，每年销售额达 1 亿元以上，出口占 80%左右。

绍兴县的杨讯桥镇，是一个七山二水一分田的山区镇。气候季节性比较分明，农业种植每年 3 季，这里的人精明勤奋，吃苦耐劳。近些年，在当地政府的引导下，走半工半农以工促农的道路，许多企业落户杨讯，工业迅速扩展，使当地经济发生了巨大的变化，每年财政达到 6 个多亿，成为全国排名在前的新型名镇。

湖北省随州三里岗镇近年演绎了一处偏僻小农村敢闯大世界的农家戏。这个村的农民沈正国，看到中央政策这么好，政府如此重视农村发展，他凭着自己多年种植香菇的经验，带领山里人在树上种香菇。经过几年发展，这个镇由一个贫穷落后的农村小镇变成了全国有名的香菇集散基地。他们生产的香菇在广州占了 90%的市场份额，并远销香港，美国和东南亚许多国家。他们的口号是："抢占世界机遇，创造外汇农业。"经营上去了，信誉也高了，银行每年给这个镇的农户放贷上亿元，使金融与企业实现了良性运营。

江苏省张家港市永联村，是 1970 年农民群众从长江江湾里围垦出来的苏南地区最小最穷的村落。到 1978 年底，全村人均年收入只有 68 元，而集体负债却高达 6 万多元。正是这一年，曾在抗美援朝战场浴血奋战过的吴栋材担任了永联村村长。在改革开放的大背景下，吴栋材引导村民走农、工、商相结合的道路，将 80 亩低洼地挖成池塘养鱼，发动群众养猪、养鸡、养鸽和发展梅花鹿保健品产业，还办起了苗木公司，村民很快走上了富裕道路。2003 年建成了百万吨炼钢厂，集体经济得到迅猛发展。

近几年，永联村先后 5 次并村，现人口增加到9300余人。他们依托"村企合一"的基础支撑，大力推进产业建设，着重解决"五化"。

（1）居住方式城镇化。总投资 15 亿元，建设可入住4500户居民的"钢村嘉园"。

（2）生活方式社会化。投资6000万元建设社区服务中心、联峰广场、永联文化活动中心，强化社区服务功能，提高服务层次。设立“文明家庭奖”，每年拿出1000万元作为精神文明建设奖金，引导村民提高“文明素质”。

(3) 生产方式产业化。将全村土地流转到苗木公司统一经营，使村民就地转化为农业产业工人拿工资，享受“土地分红”。

(4) 组织方式自治化。按社会管理体制，设立园区、楼道，并选举产生园区长、楼道长，实施民主管理。

(5) 收入方式多元化。少数困难村民家庭则可从“惠民基金”中获得救济性收入。

2005 年，还投资1000多万元，改建了永联村社区服务中心，设立了一站式服务大厅和 1890 服务热线。村民遇到难事、急事、险事、麻烦事都能在服务大厅或通过服务热线得到很好解决。城市有的服务，永联村群众都能享受到。集体的钱设有基金用于发奖金、作福利、作补贴，使它发挥辅助弱势群体、促进精神文明建设、激励先进的作用。

正是这一集体经济组织作用，极大地激发了村民共同建设家乡的热情，村民的收入节节提高。2007 年，包括后并入的村民在内，永联村人均可支配收入达15801元，比苏州市城镇居民人均收入还多500 多元。

安徽省桐城市是中国黄梅戏的故乡。这个市的农村，利用当地水面资源大的优势，积极推广科学养鸭，形成了一批新的阳光企业，大大改善了部分农民的经济状况。

这个县的农民张成友在外学到科学养鸭技术后，用心向本地农民传播，很快推动了这项产业的快速发展。他们饲养的鸭子，品种优良，营养丰富，成为国内外鸭品市场的畅销货。近年来，全市养鸭产业产值每年已达 6 亿元左右，创利在6000万元以上，使农民获得了稳定的增收。

辽宁省新民市大民屯镇方巾牛村，被誉为“东北棚菜第一村”。近年来棚菜种植产业发展迅速，农产品商品化程度高，远销国内外，并且带动了当地其他产业。如劳务市场、批发市场、包装箱厂、运输物流、养殖业、餐饮业等的迅速发展。方巾牛村所在的沈阳新民市 338 个村已有 189 个村形成了支撑农民快速增收的主导产业，实现了“一村一业”的目标。如大民屯镇方巾牛村和柳河沟镇潘屯村就分别通过发展棚菜，使农民人均收入达到万元，如今两个村的村民自筹资金建起了住宅楼，生活环境的改变给他们带来了可喜局面。①

① 江潭瑜：《中国新农村调查》，人民出版社 2007 年版，第 306～310 页。

第二章　城乡发展中出现的新情况或新问题

习近平总书记指出："我们的事业越前进，越发展，新情况新问题就会越多，面临的风险和挑战就会越多，面对的不可预料的事情就会越多。"

"我们必须增强忧患意识，做到居安思危，懂就是懂，不懂就是不懂；懂了的就努力创造条件去做，不懂的就要抓紧学习研究弄懂，来不得半点含糊。"①

我国城乡二元结构尤来以久，如何才能快速解决这个问题，历史上几乎没有经验可借鉴。加之农村的情况复杂多变，虽然近些年农村发展已取得了辉煌成就，但回顾走过的历程，客观地剖析农村运行情况，却已显露出了一些不容忽视的新情况或新问题。

一　农村现状与中央本意出现偏差

党中央、国务院提出城镇化国策和新农村建设要求达到"生产发展、生活宽裕、乡风文明、村容整洁、管理民主"的总体目标，本意都是建设农村，是因为农村相对城市落后了，在特定时间内把国家建设的重心摆到农村去，这正是体现了科学发展观的要求和中央关于

① 习近平：《在新进中央委员会的委员、候补委员学习贯彻党的十八大精神研讨班开班式上讲话》，新华网，2013年1月5日。

“重中之重”的战略决策。而目前农村的现实情况却出现了偏离。

1. 城镇化需要宏观调整建设主力军

城镇化的主战场，理所当然应该摆在广大农村中心镇。然而，目前农村的大批主力军都被引入了全国大中城市，投入了全国火热的大中城市建设事业。

广大农民工一年到头也难回家看看，甚至春节也难回到农村与家人团聚，成为名副其实的城市“远征军”。可以说，全国农民齐心协力参与建设新城市。相对城镇化事业，无疑是作战主体与实际战场的严重分离，需要从战略上做出科学调整。

从 20 世纪 80 年代末，我国出现民工潮以来，已走过了 20 多个春秋。在这期间，广大农村的青壮劳动力，特别是青年劳动力，一批又一批地流入全国各大中城市，为我国的城市建设作出了有目共睹的贡献，立下了不可磨灭的功绩。

可是，我们的广大农村很长时间以来，由于主力青壮年几乎都已远离家乡，留在农村的绝大多数都是年老体弱者和少年儿童。因此，我们必须看到一个不可回避的事实，那就是当城镇化拉开序幕后，当这个改变中国、改变时代、改变农村历史发展进程的伟大事业摆开战场后，如果没有自身主力军全力以赴主战，就凭留守农村的弱势群体，或靠城市的支持和带动，难免会出现困惑的局面。

2. 几亿农民的出路不在现有城市

中国进入 21 世纪以来，主张农村剩余劳动力大举向城市转移的呼声越来越高。从主观愿望分析，这是一个令人振奋而又深受广大农民欢迎的举措，农民也能在城市上班真是破天荒的大喜事。但冷静下来思考却使人感觉这个导向极不现实。

我们只要走到各大城市农民工中去问一问，与他们敞开心思聊一聊，会看清一个无法改变的基本事实，即绝大部分农民工住在工地的工棚里，城区待拆的旧房里，郊区农民的平房里。而且七八人甚至十多人挤一屋。凭他们的工作能力，凭他们的工资收入，凭他们的自身素质，凭他们的现有技能，要想很快被城市接收千千万万的农民工为城市正式居民，恐怕有些脱离实际。一般只是来到城市从事有限时间的打工生涯，根本不可能真正融入城市。即使有人被城市留下，那也是非常个别的现象。根据我所调查了解到的情况，一般农民工在城市打工，有的几年，时间长的10多年，甚至20余年，最终还是回到自己的家乡。能够在城市安家落户的仅占2%左右。原因很简单：

(1) 打工生涯只能获得微薄的工资收入，维持正常生活后所剩不多。要想在城市长期立足，就凭在城市购置住房一事，足以把农民工彻底挡住，可以说是白日做梦。干上20年就算什么开支也没有，也买不到几平方米的商品住房。从社会角度看，城市再富裕，也不可能修建大批房屋安置农民工向城市转移。还有子女上学的场地怎么办？医疗卫生怎么办？长期就业怎么办？等等，任何一个城市恐怕都很难采取如此方式来支持农民工向城市转移。

(2) 农民工所受的教育有限，相当部分人文化程度偏低，来到城市应聘主要分布在服务行业、工矿企业生产一线，更多的是建筑行业，从事繁重的体力劳动。这些工作岗位主要都是年轻人的岗位，年过40就很难适应了，即使你不想离岗，企业也会淘汰你。而且，有些岗位年龄大了根本干不了。由此，农民工只要离开工作岗位，在城市之中就没有立足之地，不想回家也得回家。只有家乡的那片黑土地才是他们永远生存的基础。

(3) 中国城市的户籍制度也是农民工难以融入城市的一个主要原因之一。这里我们必须看到一个现实问题，即使把户籍制度取消让大批农民工能够在城市落户，也会由于上面两个根本问题无法改变，而使他们毫无能力在城市长期生活下去。这是历史形成的差别，只要农民的经济地位和个人素质不改变，一个几亿人口的群体转入人口密集的城市就基本没有希望。

从上面三个原因分析，农村剩余劳动力全部向城市转移是不现实的，即使政府放开落户政策，农民工受文化、工作能力、经济来源的局限，也不可能在现代城市过上理想的安居生活，更何况全国城市也不具有吸收几亿农民转入城市的基础条件。

3. 城镇化建设的核心主题须基层明确

按照中央提出的我国城镇化建设的目标要求，需要解决的真正主题是什么？采取什么样的运行模式才能顺利实现中央提出的城镇化目标？这是需要基层必须切实把握的问题。

从我国农村的客观现实综合分析，城镇化建设的主题不应该是把大批剩余劳动力转移到城市，也不是各级政府拿钱补贴农民拆旧房建新房，更不可能完全依靠国家拿钱补助农民达到城市生活水平。

根据中央的系列政策，城镇化建设的主题应该是解决农村的“造血功能”。通过在农村适合的地域创建新型镇，发展工业和优势农业及其他产业，盘活农村经济，让整个农村富裕起来，这是根本问题，也是核心问题，更是长治久安的问题。如果广大农村长期靠“输血”提高生活水平那是极不现实的。

无论是一个家庭还是一个国家，自己的“造血功能”弱了，经济效益上不去，不设法解决“造血功能”而靠“输血”过日子，那是很难如愿以偿的。为什么我们呼吁农民进城呼吁了这么多年，大批农民还是进不去，中央财政投了那么多钱，大多数农民的生活还是跟不上城市水平，根本原因应该就在这里。只有解决“造血功能”才符合社会发展的客观规律要求。任何违背规律的做法难免不走弯路。如果我们把长远解决农村的问题选定在农民向城市转移这条路上，呼吁政府出台城市接纳农民进城的政策，不仅使社会付出了巨大成本和代价，而且在很长时间内还难以如愿。

我国农村地大物博，人口众多。由于历史的原因和城乡“二元结构”的原因，造成了广大农村的落后。近些年来，党中央、国务院前所未有地重视“三农”问题，出台了一系列好政策，农民不但不交税，反而得到了国家诸多方面的补助和照顾，这是历史上从没有过的现象。在一定时间内这样对待广大农民兄弟是完全可行的，全国上下都非常赞同。但从长远考虑，几亿农民和广大农村让国家长期承受巨大包揽，这显然也不现实。

如果采用“输血”的办法，虽然农村不能肯定是个无底洞，但也绝不是个小洞，要尽快填满恐怕国家还不具备这个条件，而拖时间又会影响城乡同步进入小康。所以我们必须找到一条切实可行的发展思路。因为广大农村都是祖国的大好河山，只要帮助农村创新出相应的经营模式，自然就会产生巨大的社会财富。其次是广大农民世世代代都是依靠劳动养活自己，尤其是21世纪的中国农民，多数都接受过最基础的教育，都能学习一定的劳动技能，他们自身完全具备了一定的劳动潜力，只要找到合适的舞台，可以通过劳动获取所需财富，以至改变农村的面貌。

这里我们来看看，修车和弃车的结果是大不一样的。比喻两部车拉了两车人，前面轿车拉的城里人，后面卡车拉的乡村人，同时进发千里之途。行至途中乡村人的卡车轮胎坏了，而车上既无工具又无能人，束手无策。这时城里人出现两种主张，一种主张赶快停车，让能人下车帮他们修好，也不会耽误太多时间，让农民兄弟一路同行，一同到达目的地。另一种主张把坏了的车搁在一旁，让乡村人挤在城里人的轿车上，可挤了大半天，却没挤上去几个人，卡车上的人都想乘上那辆轿车，可就是上不去。我们今天的城市和乡村，就很像一辆轿车和卡车……

由此，帮助农村恢复“造血功能”，充分发挥农民的劳动致富潜力，让广大农民在劳动中创造更多的社会财富，一方面保障自己的生活走上富裕的道路；另一方面在推动农村长远发展过程中承担起历史赋予的社会责任，成为名副其实的中国城镇化建设主力军，这应该是当今农村发展的根本问题或核心主题。

4. 关键在于创立城镇化建设主战舞台

演戏必须要有舞台，这是一个最基本的前提。中国的城镇化建设作为一件21世纪全党和全国人民力推的大事，必须搭建相应舞台，这是一个特别需要认真解决的问题。

改变我国农村现状，从某种意义上说，是一场改变中国历史，重塑民族家园划时代意义的伟大战役。这场战争的首要任务是，要在农村快速建立起广大剩余劳动力的劳动舞台，也就是城镇化建设的主体运行模式。这是城镇化建设的关键所在。

前面已剖析剩余劳动力向城市转移的不现实，但剩余劳动力不可能闲在家里，必须找到就业的出路。这是城镇化建设最根本的任务，即就地为千千万万的劳动大军搭建劳动舞台。只有在他们的家园附近建设了新的舞台，才能加快城镇化建设的步伐。换句话说，这个舞台就是城镇化建设必备的战场。开辟了这个战场，才能让千千万万的农村建设主力军涌入战场主战，掀起轰轰烈烈的城镇化建设新热潮。如何调动社会资源搭建这个舞台，将在后面第四章和第五章做详细论述。

5. 城镇化建设具体操作模式亟待推出

一项重大政策出台后的贯彻实施，其运行模式是否切合实际，这一条至关重要。

党中央国务院提出城镇化建设，是一项力求快速解决农村问题，以致改变中国社会整体发展进程的重大战略决策，是中国农村百年难遇的最好发展机遇。

这一号召发出后，全国迅速掀起了宣传贯彻中央精神的热潮。与此同时，各地很快也在思考规划。甚至省（市）自治区，都在商酌试点。

然而，由于中国农村社情十分复杂，历史沉积的各类矛盾太深，又由于领导肩上工作任务重，繁杂的具体事务缠身多，有限的时间顾不上太多地思考城镇化建设的途径，更不敢盲目抉择，担心造成政令失误，只能边走边看。

根据中央提出的城镇化目标要求，迫切需要创立操作运行模式，使之克服其中弊端，一鼓作气调动社会一切可能调动的资源，全力以赴扎扎实实地向前推进。这不仅是全社会都在关注的热门话题，而且是直接关系到这一伟大事业能否顺利进行的大事。

6. **“三难”困惑直接影响农村发展**

由于历史的原因，我国农村长期积累的矛盾一直影响着农村的发展。当前乡村有三个难点特别需要采取对策。

一是财政债务难消除

著名农村问题研究专家、国务院发展研究中心农村部韩俊副主任在《调查中国农村》一书中系统分析了这个问题。我国乡村出现债务已有一段时间了。从众多的有关调查和研究中可以发现，我国的乡村债务表现出的三大特点：①负债额高。2002 年，全国乡镇财政净债务1770亿元，乡镇财政平均净负债 400 万元，村平均净负债 20 万元。②负债面广。有资料显示，全国 65％的乡村负债，其中中西部欠发达的地区负债面更大。③负债增长快。2001 年，农业部调查统计结果显示，乡级债务已达1776亿元，平均每个乡镇负债 400 万元；村级债务达1483亿元，平均每个村负债 20 万元。按专家估计中国仅乡镇一级债务就以每年 200 亿元的速度递增。据有关估算，1999 年全国乡村债务总额大约在3000亿～6000亿元。到 2004 年乡村基层政权负债总额已达6000亿～10000亿元。①

乡村的债务巨大，不仅不利于新农村建设，而且还严重影响干部的工作积极性。乡村主要负责人要花费很大精力和时间去应付和处理债务的纠缠。

二是资金外流难控制

重点表现在3个方面：

（1）在近30年中发展起来的个体户，稍有积蓄的农民一般也带着资金去城市发展，包括开公司或办企业。一个拥有50万元或100万元的个体户把钱拿到城市发展，可以说对城市毫无影响力。但50万或100万留在一个村做产业启动资金，就能解决大问题，说不定一个企业办起来就带富了一个村。这个问题的出现原因与社会导向有关。

（2）邮政储蓄把农村大批资金转入了城市。中国社会科学院和国家统计局在《中国农村经济形式分析与预测》一书中形象地比喻：邮政储蓄在农村实质是个“抽水机”。仅1990～2000年间就从农村转出6958亿元存款资金。还有大批农村资金也通过金融系统只存不贷或多存少贷的形式使之从农村流向城市。这对农村的发展无疑会带来一定影响。②

（3）赌博与购买地下“六合彩”。据国家统计部门的调查分析：在一些文化生活落后的农村，赌博现象严重，其特点包括：赌博案件呈迅速上升趋势，参赌人员越来越多；赌博形式多样；赌博金额越来越大；赌博逐步向经营化和职业化转变。

农村地下“六合彩”已经覆盖20多个省份的农村地区，绝大多

① 韩俊：《调查中国农村》，中国发展出版社2009年版，第249页。

② 张晓山，张淑英，李周，盛来运：《中国农村经济形势分析与预测》，社会科学文献出版社2009年版，第239页、第166～168页。

数彩民处于亏损状态，有的彩民经不起负债累累的严重打击，导致自杀等恶性事件发生。

非法传销向农村蔓延。不少传销组织利用农村管理薄弱，防范意识淡薄，诱骗农民参与，严重侵害被骗群众的财产利益和心身健康，危害农村社会稳定。①

上述问题的存在，给农村的发展带来了严重影响。

三是领导干部难稳定

由于农村工作直接面对广大农民，一来工作任务繁杂，无钱难办事。二来经济基础弱，局面难改变。由此导致部分农村干部工作不安心。

乡镇领导干部过快更替导致政府责任缺失，政府工作难以保持应有的连贯性，直接影响农村发展。

我国乡镇是国家最基层的政权机构。乡镇负责干部，特别是一二把手的频繁调动，严重影响农村发展的构架和实施。

从近些年的情况分析，绝大多数的乡镇一二把手在一个乡镇的任职期只有2～3年，少数甚至1年左右就调离。某县一乡镇反映，3年内换了二任党委书记，屁股还没坐热就调走了。领导的频繁更换有许多弊端：

（1）导致乡镇负责人在执政期间偏重短期效应，盲目启动政绩工程，给地方造成不同程度的经济损失。

（2）在任时间短，干出业绩难。影响到一些乡镇负责人重关系，轻业绩，把个人离任后的去向寄托于上级领导，热衷于不惜时间和精力搞关系。由此，工作只求平稳过渡，责任意识淡薄，使乡镇工作很难得到新的发展。

① 张晓山，张淑英，李周，盛来运：《中国农村经济形势分析与预测》，社会科学文献出版社2009年版，第239页、第166～168页。

（3）主要负责人频繁调动，工作缺少应有衔接。后来者一般不认前任的决策，使乡镇的工作失去应有的连贯性。尤其在农村一些建设的重大系统工程上，一旦出现前后领导不能衔接的折腾，其后果和损失不堪设想。

二　亿万农民工大流动给城市生活造成压力

哲学中有个很重要的观点：宇宙间万事万物都是相互联系的，这的确是千真万确的道理。农村中存在的一些问题，特别是农村人口盲目向城市大流动问题，引发了一些新的社会矛盾。从城市来看，城市的发展需要农村剩余劳动力的适当补充，这是正常的。与任何事物的发展一样，城市能够接受和安置的外来人口是有一定限度的。当大量外来人口无序涌入城市并大大超过城市承受能力的时候，必然要给城市生活带来新的困扰。就目前情况分析，已有 3 个方面特别值得引起重视。

1. 城市交通压力明显增大

由于全国农村二亿多剩余劳动力转入城市务工，不仅使城市的人口大量增加，而且给全国的交通带来了很大压力。

一是广州车站滞留 60 万人的情景

广州是我国最早开放的城市之一，而且是出入港台的必经之地。广州的发展一直处于前沿。广州吸纳农村劳动力，可以说是全国最早，用工最多的城市之一。因此，广州显现交通压力也是十分突出的城市。其市内交通和铁路运输的严重超负荷状况，已使很多人感到了生活在广州不轻松。据广州的居民讲述，从广州乘火车到深圳只需 59 分钟，而从广州市城东到城西一般需要 2 个多小时，上下班时遇上堵车，多耗一个多小时是常事。

2007年的春节期间，一场罕见的冰雪袭击了中国南方。当时的广东漫天飞雪，遍地冰冻，几百万务工者被困南疆，春节回家与亲人团聚的计划霎时变成了泡影。这件事成了当时全国人民关注的热点。如今回想起当时60万务工大军滞留广州车站那个狭小地盘的情形，都会让人感到有些恐惧。这一历史上前所未有的社会现象也必然引起人们的特别思考。

企业过于集中在大中城市，导致务工人员向城市大流动，是造成交通压力和社会问题的直接原因。近些年来，每到春节期间，铁路公路交通部门就承受着客运的巨大压力。2009年春节，全国铁路部门运输人数近两亿。这一现实状况，已展示出迫切需要社会管理部门根据客观情况发展的需要，对区域产业布局进行相应调整，以适应社会和谐发展的要求。

从历史的角度看，社会发展到今天，科学技术的高速发展和国家对道路交通、电力等基础设施的投入，已使全国各区域的整体环境都发生了巨大变化。由此，企业扩散和科学布局已到了势在必行的时候了。

二是荣耀的北京人承受的几分无奈

北京是中华人民共和国的心脏，世界著名的国际大都市，人民心中的神圣天堂。

有幸居住在北京的市民，应该感到自豪和荣耀！

北京作为中华民族13亿人口大国的政治文化中心，不仅拥有绝对的政治资源优势；文化、教育资源优势；国际人才资源优势；而且还具有国际一流信息的优势，便利国际交流的优势和经济发展资源优势。人们之所以特别热爱北京，向往北京，不惜代价地守望着北京，是因为居住在北京，不仅能享受一份外地无法享受到的政治荣誉，而且还能获得不少发展机会，甚至是在任何城市都无法得到的发展机遇。

改革开放以来，北京的发展取得了举世瞩目的成就。无论从城市建设和经济增长的速度，还是改善城市管理和提高市民生活水平方面，都显示出引领全国的良好态势。从北京的政治、经济、文化、生活等诸多方面进行综合分析，有8个方面显得尤为突出。

（1）北京营造出了世界头号大都市气势

人们流传着一句话：不到西藏不知道天有多蓝，不到北京不知道城市有多大。这话充分反映了北京这座现代城市的宏伟气势。

自20世纪90年代以来，特别是申奥成功到奥运召开的10年间，北京人民在市委市政府的坚强领导下，用惊人的速度，把一座典型的北方传统建筑风格的旧城，建成了今天这样充满活力，生机勃勃的现代化国际大都市，这是人类发展史上和社会生活环境发展中的伟大创举。

今天，无论是中国公民还是外国游客，只要是首次来到北京，就会感到北京是无边的大海，无际的天涯，是一个包罗万象的奇妙世界！延伸直插东西南北的宽敞马路，如一条条通向迷宫的圣洁大道；有序排列高耸入云的无数高楼，像一望无边的天辟群峰。每到夜间，高楼和马路两侧的各式灯光交相辉映，展示出神密而又壮观的圣景，令人感慨万千！

（2）北京创造了超越历史的经济增长速度

早在2006年，北京市全年实现生产总值7720.3亿元，比上年增长12%，人均GDP达到49505元，比上年增长8.8%。其中，北京全年各类开发区实现总收入8349.5亿元，比上年增长31.5%；实现利润452.8亿元，比上年增长17%；全年接待国内旅游者1.32亿人次，国内外旅游收入达到1803.7亿元，比上年增长13.2%。2006年全市完成地方财政收入1117.2亿元，比上年增长21.5%。

据北京市统计局分析，北京自申奥成功连续8年以来，生产总值年增速一直保持在两位数以上。这是全国城市经济发展超历史的记录。同时，北京的不少生产领域也显示着强劲的发展态势，经济增长速度在全国一直名列前茅。[①]

（3）北京城市交通密如蛛网十分方便

新中国成立之初，北京的交通非常落后，全北京市只有8条公路，总里程不到400公里，且96%的公路还是土路。

经过50年发展建设，特别是近10年来，北京的交通快速发展，为人们的出行创造了十分便利的条件。目前，北京公路已超过14000公里，道路面积从140万平方米发展到7344万平方米，其公路密度达到每百平方公里86公里。

1949年底，北京市区只有轨道电车103辆，运营线路7条。公共汽车61辆，运营路线4条，公共电汽车的年客运量才2885万人次。

经过几十年发展，特别是奥运会筹备期间，随着城市的快速建设，北京的交通状况发生了翻天覆地的变化。运营线路达800多条，立交桥300多座。每一座桥都是一道亮丽的风景线，如舞蹈家手中的飘带，造型千姿百态，绚丽多彩，实为世界之最。

目前，北京的交通除公交线路外，地铁也纵横交错，一线穿透东西，环线围城通达，再加上近年通车的4号线、5号线、10号线、13号线等把北京的南北东西织成了一个严密的交通网，既节约了出行时间，又节约了交通费用，为市民出行提供了极大方便。

（4）现代化北京管理为全国楷模

自20世纪90年代以来，北京一方面大大加快了城市建设步伐；另一方面十分重视优化城市管理。在一个聚居了近2000万人口的国际大都市，人们的生活、工作和社会交往中，每天都有大量的事情发生。尤其是生活环境、社会治安、交通秩序等方面，处于首都这

① 北京市人民政府新闻办公室：《北京概况》，亚洲传播出版社2007年版。

一特殊地位，其管理难度比任何一座城市的压力都要大。

然而，由于市委市政府和诸多职能部门执政有方，引领全市人民高高举起人文北京、科技北京、绿色北京三面大旗，及时制订和不断完善北京各行各业领域的规范管理条例，以向党和人民高度负责的精神，成功创造了北京和谐发展的社会环境，从而使北京成功地举办了备受世人关注的奥运会，中华人民共和国成立60周年大庆，以及确保了每年在北京举行的诸多全国性大型活动的安全。这一点充分体现了北京的优化管理，为这座国际大都市的发展创建了一个十分有利的前提条件。

（5）北京营造了产业发展的优越环境

许多的企业愿意落户于北京，除了北京具备的地理位置和资源优势外，北京为企业生存发展营造了优越环境，这是成千上万的企业挤入北京的重要因素之一。

在现阶段，有些地方工业企业发展缓慢，并不完全是地方资源条件问题，在很大程度上是人为因素。即当地政府或管理部门向企业索取多、扶助少，致使企业难以生存。

北京对待企业的生存发展，政府和管理部门采取了不插手、不干预、不索取、不刁难；入门自愿，退出自由；支持企业发展壮大，不向企业摊派收费。严格执行国家的税收政策，该优的优、该减的减、该免的免；尤其对待中小企业，基本以鼓励发展、安置就业、稳定社会、造福于民为主体目标，使得一些资金不多的个体创业者得到自谋职业，大胆创业的良好环境，顺利融入了北京的发展之路，同时，也使北京的各项产业得到了健康发展。

（6）北京为提升中华民族的国际地位功不可没

30年前，当国外友人踏入北京时，虽然也会感受到东方大国民族的独特文化和新中国勤劳智慧的一代新人的精神风貌，但同时也会感到这个发展中的国家与西方发达国家客观上仍存在不小差距。

30年后的今天，当国际友人再度来北京的时候，映入眼帘的却是一座超规模的国际大都市，这里拥有世界一流的建筑，历史留传的重要宫殿与现代摩天大楼交相辉映；这里拥有一流的国家教育，诸多名校林立，形成了强大的人才培养基地；这里拥有一流的服务，全国各地的地方特色风味餐饮已把现代北京装点成为一座品尝大国饮食经典的名城；这里拥有一流的经典文化，56个民族组成一体的精彩表演常在京城各大剧院展示风姿，让外来客人一饱眼福。这里是一个完全开放的国际窗口，各国来华工作、学习、考察、旅游的外国友人，把北京之行看作一生的幸事和美好记忆。

北京人的工作态度、快乐生活、精神风貌、接人待物等，都让外来客人感到这个东方民族的首都充满了神奇的诱惑，奥运期间唱响的“北京欢迎你”，把一个伟大的中华民族充分展示在世人面前！

今天的北京，已成为一座世界名城，她的稳定和发展，对提高中华民族的国际地位起到了丰碑性作用。

(7) 北京城区环境建设成效显著

2009年1月8日，新华网报道，从北京市发改委获悉，截至2008年底，北京林木绿化率达到51.6%，山区林木绿化率达到70.49%，饱受沙尘暴困扰的北京已基本建成三道绿色生态屏障。2009年北京市新建设四条176公里生态景观大道，完成绿化面积4.4万亩。①

政府的这一举措，确实令人欣慰，并对大大改观北京的环境起到决定性作用。

对于今天已有1700多万常住人口的国际大都市北京来说，近几年的生态环境建设得到了很大改善。一个最直观的感觉是，2001年前，在北京的街上走一趟，拍打几下衣服就见灰尘飞扬，鼻孔里会

① 新华网，2009年1月8日。

钻满黑灰。2008年后，这种现象没有了。这充分说明了北京的空气质量已今非昔比，城区的环境发生了根本变化。宽敞的马路两侧，高大的林荫似乎在空中搭起了一个遮阳的帐篷，在金色的阳光辉映下形成了一幅清香秀雅的独特画面，给人以轻松舒适之感。在南三环两侧，东环城河两岸，在小庄路北的林荫大道，在许许多多老城区，地面的绿化，环境的改善，让广大市民欣慰，让外来者赞叹不已。

(8) 北京保护和修复了大批历史文物

北京作为历史悠久的六朝古都，这里既有华丽宏伟的皇宫和闻名天下的四合院，又有洋溢着生机勃勃的现代化摩天大楼。尤其是巍峨的天安门屹立在世界最大的广场——天安门广场北端，每当雄伟的国歌声在广场响起，国家领导人就在这里接待国际友人的来访。

故宫是世界规模最大的皇家宫殿，是清明最高皇权的象征。

北海是元朝定都北京以来留存历史最悠久的皇家园林之一。

什刹海是老北京胡同和新北京文化的和谐相处构成的北京特色一景。

万里长城和十三陵以及颐和园是世界上最大的皇权建筑之巅和园林之冠，从景观布局到建筑风格均可称为历史奇迹。

被称为天下第一步行街的王府井，是每一位来北京观光的游客必到而不愿错过的绝妙之处。还有北京的京腔，流传百年的北京烤鸭，举世瞩目的奥运场馆，坐落在天安门西侧的当今国际一流水平的国家大剧院，还有北海公园、圆明园、大观园、世界公园等等诸多闻名天下的特色园景和朝阳门外的国际大油桶式高楼与正面相对称的天窗式中国银行大楼，以及密布城区高达30层的、甚至40层的、直插云霄的高楼大厦，皆成为景中之秀。

可以说，北京是一座永载中华民族帝都的圣地。几千年来，积聚了多少人类社会的灿烂文化，传承着数以千计的伟大精神，让世人瞩目，代表着13亿人口的大国巍峨屹立于世界东方。

北京显赫的政治地位，是中华人民共和国的代表。这座城市对加强国际交往和为各国友人了解中国，提高中国的社会地位等都起到了决定性作用。北京的发展，是中国的形象，是每一个中国人的骄傲，是中华民族在世界上地位提升的重要体现，具有重大的政治意义和深远的历史意义。

然而，由于城市过快向外拓展，外来人口的大量涌入，特别是大批农民工的无序涌入，使北京这座特大城市凸现了一些美中不足的问题。抛开这些覆盖在北京人身上的荣耀桂冠，实际地体验居住北京各界人士的真实生活，会很容易发现，他们在享受荣誉和幸福的同时，又承受着生活中的几分无奈。最常见的事就是出门担心遇堵车。

改革开放30多年来，北京的城区发展迅速扩大。

在新中国成立初期的地图上，它的辖区面积只有707平方公里，而2009年就已达16800平方公里，整整扩大了24倍。

东西直线距离约160公里，南北直线距离约176公里，3环路全长48公里，4环路全长65.3公里，5环路全长99.7公里，6环路全长189.7公里。①

城区人口的剧增，城区规模快速扩大，私家车迅猛增加，给交通带来了巨大压力。据北京著名城市专家论述，2007年北京市小汽车保有量超过300万辆，2009年10月，北京的汽车已增加到近400万辆了。主要干道平均车速每小时仅28公里，比10年前降低约50%，市区183个主要路口中，严重阻塞的达60%。② 我们按每小

---

① 张名齐，刘欣杰：《现代北京》，北京工业大学出版社2007年版，第3～35页、第36页、第189～191页。

② 黄序：《北京城市发展报告》，社会科学文献出版社2008年版，第19页。

时平均车速 28 公里计算，从东到西走直线 160 公里就需 5 个小时左右。每到上下班时间，堵车是常事，严重地段路面车速几乎处于慢慢移动状态。

住在北京的居民从城东 6 环路到城西 6 环路来回乘公交车一般需要 5 个小时左右，赶在上下班时间就得 6 个小时以上。自己开车出行，从城东 6 环路到城西 6 环路上下班时间来回一趟也得花上 4 个多小时，遇上特堵的时候，延长一个多小时是正常的事，这使北京人十分无奈。

近些年，政府为了改善交通条件，已作出了巨大努力，公交得到了快速发展，许多主要街道开通了十多条公交线路，乘车确实很方便。但马路车流量超大，行驶速度却成了大问题。

目前北京城市还在继续扩大，人口也在不断增加，交通压力问题必然还会升级。由此，不得不引起人们跳出就交通想交通的圈子，建议对城市发展规模这一根本性问题进行思考和探讨。

2. 生活成本居高困惑工薪阶层

根据城市居民的生活状况分析，城市规模越大，其城市居民的成本就越高。以北京为例：

一是北京的居住成本居高让工薪阶层束手无策

现代北京，城区内基本都是新世纪的高楼大厦，甚至别墅型、豪宅型住宅。稍稍好一点地带，开发商标出的价位每套住宅都在上百万元甚至几百万元上千万元。这对于普通老百姓和完全靠拿工资的政府官员买房一事想都不用想。城区也有少量的新中国成立后早期建设的旧城居室，其中有楼房、有平房，大部分住着外来务工人员。只有极少数仍住着北京的市民。旧城居室一般都很破旧，但出租给外来务工人员价格一直居高不下，逐年还在增长。四环内面积约 50 平方米的旧居室月租也得1000多元以上，稍好一点的就得2000

多元甚至3000元左右。这种房也是改建的对象，说不定哪天就拆了。

工薪阶层包括外地来北京发展的绝大部分工薪阶层，长年靠租房居住，他们月薪可能3000～5000元，甚至7000～8000元，这个数相对中小城市应该是非常可观的工资待遇。可是，在北京稍舒适点的出租房每月得花去 2000～3000 元，交通费用也得花去千余元，剩下就只能勉强维持过日子的生活费了，几乎没有多余的了。要想给父母或自己留点特殊备用，那就得从每个环节去想办法省了。

这种状况，导致相当部分工薪族只能选择去郊区租房或者合伙租房，省下昂贵的住房费，但省了这头苦了那头。

(1) 住处至单位的距离可是拉远了数倍，每天耗在上班途中的时间长达 4 个小时左右，有的甚至 5～6 个小时。

(2) 由于耗费时间过长，得不到必要的休息，人的体力消耗过多，精神难免出现疲倦状态。

(3) 由于人的时间分布几乎每天都是家里、路途、办公室三点一线，整天紧紧张张，脑子里的时间概念那根弦长期绷着不能放松，使人感到生活压力之大。

这种住房生活环境，无论尚无私房的北京人或长住北京的外来人，都会因为住房条件而影响生活质量，造成心理困惑。白领阶层租个住处每月收入所剩不多，普通务工者月收入1000多元，租个住房都不够，只能群居于普通平房，吃喝拉撒另找地方，生活极不方便。

很多年轻人成家后，为了生活，为了面子，到处借钱或贷款，住进了现代居室。可是也同时背上了沉重的经济债务，至少 8～10 年带着经济压力过日子，甚至大半辈子才能改变这种状况。这一现实问题，使得北京工薪阶层中的很多人深感压力不小而又百般无奈。

二是承受着高额交通费用

北京的交通，由于政府采取了非常的措施，公交和地铁已是四通八达，大多数公交线路发车的时间间隔时差很小，而且多数马路换乘十分方便。但有3个实际问题造成居民的交通费用仍然较高。

(1) 城市过大，一些人住处离上班地点远，自然乘车线路长。虽然市政主管部门把车票价格压到了最低限度，但每天路上换乘几趟车，每月车费也不少。

(2) 因为上班地点一般都不会太近，路途经常遇上堵车，如果单位必须准时到，尤其是与人约定时间议事者只能下车换乘出租车，一次花去三五十元是常事。

(3) 一些人有时加班或谈业务，一旦超过班车或地铁末班时间，毫无选择只能乘出租车回家。如果路途较远，车费多少就可想而知了。

三种情况使得北京工薪族中的部分人承受着高额交通费用，每月少则几百元，多则上千元。这些问题的存在，有些不明情况的人遇上交通堵塞就怨政府，其实不能怨政府，这不是政府不作为。这些年北京市政府已尽了最大努力了，有目共睹北京的交通发展多快，其速度已是十分惊人了。政府的功绩已是前所未有的了。原因在哪？就在于城市面积摊得太大，发展模式出了问题，所以怨谁都没用。要想从根本上解决这个问题，只有改变这种发展模式，才能使马路上的车辆通畅地跑起来，使乘车者的交通费用降下来，使居民的生活压力减下来。在北京工薪阶层中流传着这样一首民谣：

远看北京像天堂，
近看北京像银行。
人人都说北京好，
个个都往北京跑。
北京挣钱北京花，
很少有钱寄回家。

看到这首民谣，虽然有些夸张，但仔细想想，也不无道理，那就是在北京找份工作过日子，生活成本比外地要高得多。

三是少数人一生有可能无奈耗费几年有效生命时间

今天北京由于城区超大，部分上班族把相当的时间耗在路上。一方面旧城区民宅拆盖新楼，居民搬到了五环或六环以外的新居，但他们上班地点仍在三环以内的老城区，每天上班路上就得花去4～5个小时的时间；另一方面工薪阶层买不起市区的高价商品房，只能选择郊区偏远地段的低价出租房屋或在郊区买房，每天赶到三环路以内上班，花在路上的时间就更长了。

每到上下班时间，有心留意地铁里和公交车上，那种人如潮涌的情景，真是一道特别的风景线。让人立刻会感觉到北京有相当部分人生活压力大的特殊状态。

人的一生，在不同的年龄阶段，其生命价值体现有着根本的区别。正常情况下，22岁前是求知时期，22岁左右走上工作岗位，一直到60岁是一生工作的黄金时期。在这38年间，每天在路上消耗约5小时，5小时×每月上班22天＝每月无价值浪费110小时，每年将有50多天近两个月时间浪费在路上。

如果你处在这种交通状况生活维持6年，就等于白白浪费近一年的时间，维持12年就浪费近2年。如果一生不能改变这种交通状况，工作38年的黄金时期，会有5年多的有效生命时间白白浪费掉，而且是人生中最具活力的年华，真是惊人的浪费，这是最能创造社会价值的时间。但愿北京城市的发展会有科学的转向，使这笔时间账永远留在假设中。

近些年，不少人不想耗费这个时间，买不起房却变换主意凑钱买车。私人买车，本来是件大好事。

①出行方便。

②舒适。

③出行节省时间。

④安全，不会担心扒手。

⑤累了可休息，尤其中午可替代小屋睡觉。

正因为轿车有这么多优点，特别是远距离上班，不用耗那么多时间，所以许多人都会凑钱购车。但在大城市，尤其是北京，轿车多了是造成交通拥挤的重要原因之一。

按照路程距离和正常行驶车速，自己开车半小时内完全可以到家的路程，稍有堵塞，就会花费一小时左右，一旦遇上长距离堵塞，时间概念立刻彻底消逝，无奈困守马路，心里再急都无济于事，只能默默看着躺满马路的“甲虫”睡大觉，宽敞的马路变成巨大的露天停车场。这种壮观的场面，上下班时间常可见到。谁遇上了都会无缘无故被夺去少则几十分钟，多则1～2个多小时的宝贵时间。这种剥夺的有效生命时间只能在埋怨声中消逝。

3. 城区环境压力凸现

因为北京太大，并还在继续向外扩张，原有城区还没有完全优化，新的城区又在产生。市区居住人口稠密，生态环境难以相匹配，特别是交通堵塞造成的污染，严重影响了北京的环境，这是北京的遗憾。

一是少数小区绿化条件难以匹配

从北京的经济发展和政府的治理力度完全可能使北京实现环境最优城市。但遗憾的是，在设计上很多楼群旁边没有留下休闲空隙。楼里的居民走出家门近处找不到合适的休闲环境，去郊外休闲出城距离又远，这是部分北京居民生活中的一大困惑。

人民日报社址东南角的红庙十字路口，盖高楼前路口两侧坐落两个古亭，不论盛夏寒冬，近处楼内的老人就在亭内休闲自乐。修建高楼时把两个古亭全拔了，周边的人就再也找不到休闲之地，每天只好在马路边的树荫下玩耍。2007年拓宽马路，两旁的树荫也被挖掉了。进入盛夏，整个红庙路口全裸露在烈日炎炎之下，周边的老人只好躲在路口两侧横架的天桥下继续他们往日的娱乐。太阳慢慢移动，他们也在不时跟着桥下那点荫凉移动，以避免烈日强光的侵害。

东三环双井桥北，中国黄金大厦前约 5 米远就是三环大马路，因附近没有公园，每到夏天傍晚，常见双花园南里高楼中的几位 70 岁以上的老人坐在马路边透气。马路上车如流水，灰尘、噪声混作一团。这些现状，恐怕北京城区还有不少。居民区的环境改善仍有很多工作要做。

目前，城市居民区新建高楼较密，绿化工作很难跟上，导致环境欠优的情况，全国大中城市普遍存在。

然而，由于北京扩展速度快，有些新建的城区，高楼密排，预留空间小，绿化跟不上，环境和老城区不可比。离人与自然协调发展所需匹配的优良环境仍有一段距离以至存在三方面问题：

（1）小区内林荫面积比例小，消化二氧化碳的能力弱，大都市车流、人流、物流、居室、工厂、办公室每天排放的大量废气，都在空气中飘浮，使城区部分地方的空气质量一直达不到优上。

（2）小区林荫面积少，人口密度大，造成居民缺少正常活动空间。很多居民清晨走出楼门，只能在马路上散步，找不到环境优美，空气新鲜的一片林区度过每天晨曦辉映天高气爽的开心时刻。

（3）楼房快速落成，而绿化跟不上，造成地面热量大，夏日气温高。许多既无林荫覆盖，又无水系辉映的小区与林荫小院相比，平均温度相差 1～2 度。

每年日历翻过春季，夏日骄阳似火，进入北京的部分新城区，一些地方 20 层以上的高楼光秃秃的耸立，宽敞的马路像一扇无限延伸的巨型黑钢板，南来北往的汽车声轰轰烈烈，一部分人挤在公交车上汗流浃背的随车摇晃而摇晃，而一些走在马路旁或站在车站候车的人，烈日下汽车排放的汽油味和尘土味融为一股熏人味冲入鼻孔，刹那间难免让人感觉有些难受。

二是堵车加重空气恶化

现代城市堵车不仅耽误人们的时间和影响工作，而且造成堵车现场空气污染严重也是一个十分头痛的问题。尤其夏天，太阳光照强烈，地面温度较高，道路一旦堵塞，每辆汽车都夹着一个冒烟筒，就像野外的打屁虫不停地向外放废气。特别是夏天的中午时段，烈日下的水泥马路晒得像烫手的铁板，几十辆甚至几百辆汽车挤在一起，整个马路乌烟瘴气，如同一个排放毒气的无形大蒸笼，无论困在车内还是路边行人，难免心情烦躁。

北京的气候本来干燥，每年五月后，进入盛夏的酷暑时节，天空的烈日直射在宽敞的水泥路面上，加之部分新城区高楼镜面玻璃墙强烈反光造成升温，使得站在一些毫无树荫遮蔽的马路边候车的人群就像接受酷暑的考验，一时无处躲避。一旦途中车流不畅，黑压压的一片紧挨着的汽车排出的尾气向人群冲来，真让人有些头晕。这几年为了缓解交通压力，北京千方百计拓宽马路，部分路段原来马路两旁的林荫被拔掉，新栽的树苗不到几米高，新盖小区旁边的马路更是如此，楼房马路全是水泥，少见绿色。站在那些马路边的候车者，真是头顶烈日，脚踩热地。

望着远处的客车拖着长龙般的身躯驶来，人群立刻紧张地骚动，担心自己能否抢占“制高点”。虽然北京的市民素质较高，尊老爱幼做得比一般城市要好，但遇上几个急于赶路者，就会打乱正常秩序，弄得上车门口一片混乱，弱者难为。

三是乘公交车变成了拼力气

北京的公交不仅四通八达，而且每条马路上少则五六条线路经过，多则达 20 条线路，确实够方便的了。然而，由于城市过大，人口过分稠密，每到上下班时，需要运送的人数大大超过了公交车正常运送的能力。拥挤就成了无法控制的实际问题。2009 年 9 月 20 日北京生活频道报道，天通北苑465路的拥挤严重到了车门都关不上，记者想跟车采访，站在旁边看了看根本没法上。这种现象不仅只是天通北苑，如国贸前的马路两侧、建国门两旁的公交线路、三元桥一带的公交站、中关村一带的公交站、木樨园一带的公交站等，每到夏季大热天，上下班时乘坐公交车可不是件轻松事。站牌前黑压压的人群焦急等待，当车到站时，多数人连拉带推挤到了车上。车内的人夹着站立，神情各异，男女之间无法顾及礼节。不管你是白领阶层，还是蓝领人士，不管你是漂亮女士，还是泥土满身的务工农民兄弟，挤在一起就没有任何身份之分。车内热气汗气融为一体，笑声噪声混作一团。一旦女孩挤在男士包围之中，前后左右四面受夹，女孩委屈挤眉瞪眼，但又实属无可奈何，只能忍气吞声。

2009年1月1日，网络新闻登载，在北京挤公交车是包含散打、柔道、瑜伽、平衡术等多种体育和健身项目于一体的大型综合性运动。

这一具有文学性评语，给乘公交者综合了一个形象的比喻，同时也为我们的城市设计者们提供了研究城市规模问题的重要资料。

三 农民工向城市转移透视出“五个”社会问题

由于我国是个人口大国，又是农业人口占多数的人口大国，当广大农民解除了土地的束缚可以自由出入城乡后，全国很快出现了亿万农村人口大流动的格局。随着这一潮流的发展，逐步显现了一些值得重视的社会问题。

1. 农民工大流动事关社会稳定

在社会生活中，人民安居乐业是有序管理社会的重要前提。我国大批农村剩余劳动力向城市流动，给社会带来了许多难以协调的新情况。

一是城市公共资源难以承受大批农民工向城市转移

资料表明：根据近些年农民工入城的人数基本保持在2亿人左右。如果允许他们在城市长期生活下去，就意味着三个现实问题：

（1）2亿人的住房如何解决，他们不可能长期过着居无定所的生活，总要成家过日子。

（2）2亿人的子女入学受教育问题如何解决，就算新建1万所规模容纳1000名学生的学校，也解决不了2亿人的子女上学问题，何况近期不可能为农民工新建1万所学校。

（3）2亿人一旦转为城市正式居民，他们的医疗卫生和养老保险必须无条件地按标准配备，财政将增加一笔不小的支出。

何况解决农民问题不只是2亿人的问题，农村还有几亿农民怎么办？

就全国而言，只预算4亿多农民工向城市转移，就意味着新建相当20个北京市面积的城区才勉强能接纳。按照这个推理，如果新农村建设重点寄予农民向城市转移，恐怕用30年时间也难以解决。因为用一年半的时间，不可能在全国城市中扩建相当于北京市城区面积的城市住房接纳农民进城。

我们把农民向城市转移作为解决农村问题的基本途径，那就等于农民进城后，城市必须无条件接纳，并作为正式居民安置。因此，城市必须从住房、子女上学、医疗卫生、养老保险等一系列生活条件按城市居民标准进行配置。然而几亿人口短时期内进入全国城市要求正式安置，根本就不现实，城市基本不具备这种承接能力。

二是城市流动孩童的美好愿望难以变为现实

作为民工第二代，他们打心里不想再回农村老家，希望能在城市永远生活下去。然而，他们能否在城市找到稳定的工作？有条件在城市结婚和生孩子吗？城市能否给他们安置住房和让其享受城市的基本生活待遇？城市流动孩童能不能与城市的孩子站在同一条起跑线上？等等。这是个上亿人苦苦思索的重大社会问题，社会难以承受的现实需要我们理性面对，关系到整个城乡社会的和谐。

相关部门的资料表述：国务院妇女儿童工作委员会办公室等单位主持的抽样调查显示，流动儿童中一直未上学者占 6.85%，失学者占 2.45%。

2004 年开始，中央强调各地城市政府要负责解决民工子女在迁入地城市公立学校的就学问题。但由于缺乏相应的财政资源，地方政府往往缺乏积极性去执行。①

目前，进城务工农民子女数据统计制度不完善，16 岁以下儿童的管理和人口统计工作尚属空白，教育部门难以了解和监控进城务工农民子女接受义务教育的情况，增加了制定教育规划的困难，部分地方政府对解决进城务工农民子女入学问题的意义还缺乏应有的认识。②

农民工第二代的教育存在的困难，使得他们更加难以圆梦于城市。

三是农民工的工作生活状态存在不同困惑

近 20 年来，自从广东民工潮掀起，很快发展成全国性洪流。

农民中的青壮劳力迅速向全国各大城市涌进，肩负起了现代城市建设中的众多岗位工作。根据本人对湖北、江西、湖南、河南、安徽、吉林、辽宁、四川、重庆、浙江、广西、福建、安徽、广东、陕西、甘肃、山东、贵州等多个省的农民工调查，农民工年龄从

---

① 邹新树：《中国城市农民工问题》，群言出版社 2007 年版，第 267 页。

② 宋洪远，徐雪，刘光明：《中国农村改过去与未来》，中国农业出版社 2008 年版，第 156～157 页。

十六七岁到 50 出头，而且是一批一批的输送到城市，在城市工作超过 20 余年，最终还是回到农村。

据调查，能在城市中找到机会，被城市永久留下的仅占 2%左右，一般都是干上 5～8 年，甚至 10～20 余年。然后又回到故土。他们在城市从事的职业，主要分布在生产企业、服务行业和重体力劳动的建筑业。居住条件不仅拥挤，而且绝大多数住在旧式统字楼和简易平房，或地下室，生活质量可想而知。

这是当今城市农民工生活的真实状况，他们创造了一个影响时代的特殊历史。但从他们的工作岗位和所处的社会地位、经济地位，个人素质等因素分析，要让全国城市正式接受他们融为一体，城市根本不具备这个能力。

在北京的工地上，我与农民工进行了多次长谈。他们来自祖国的四面八方，年龄大的已近 50 岁，小的 20 岁。他们的工作每天长达 11 个小时。重体力劳动时间长，可生活饮食不配套，每天早晨就是两个馒头，一夹子咸菜。有的工地中午晚餐还是两个馒头，一份小菜。碗都不用刷，只用凉水冲冲，因为没油水。实在难受了只能自己花钱到路边小饭店去补充一顿，跟老板说也没用，不想干你可以走，但不给你工资，就这一招把你卡死。

尽管农民工如此奉献，但谁也不可能答应将来到城里的务工农民就能转入城市正式居民。谁也不可能做到让城市基建工地的农民工建完了房子就能留在城市。千千万万的农民工最终的归宿依然是故乡农村，只有农村才能面带笑容张着双臂等待他们的归期。

综上所述，农村人口大流动，是以增加政府管理成本为代价，增加个人生活成本，增加家庭情感成本为代价的社会生活。

由此可以想到，农村剩余劳动力往城市，特别是大城市转移是极不现实的，它将引发一些新的难以解决的社会问题。从 20 世纪以来就开始鼓励农民工向城市转移，可转了十几年，也没转入多少人。

即使城里放开户口，城市的住房及公共设施也不可能接纳大批农民工入户。因此，农村剩余劳动力向城市转移，作为解决农村问题的基本出路，这只是一个美好的愿望，很难变为现实，尤其是处在这种夹生饭的状况，更容易引发诸多的社会问题。

2. 某些入城农民工出现心态失衡而犯罪

刚走出农村家园，怀着对世界奇妙想象并充满梦幻憧憬的农村青年，踏入城市感觉一切都很新鲜。他们之中，一部分人顺利找到了打工岗位，一部分人却应聘艰难。当带在身上的本钱花完后，连吃饭睡觉都没有着落，返回家乡的路费也凑不齐，这时生活的艰难迫使他们去寻找出路。

当他们目视城里人住在高楼大厦，开着小车出行，饭店出，歌厅进，甚至还有人随身伺候，他们的心态开始失衡了。开始埋怨出身，埋怨不该生在农村，埋怨自己的父母没出息，埋怨社会不公平。

在现阶段的广大农村，每个村庄一般都有1～2名观念或行为不太规范的年轻人。这种人在当地，由于身边人员太熟悉，在群众眼下一般不敢过分出轨。但今天农民工可以随意流动时，他们进城后遇到困境在毫无办法的情况下，就难免打些歪主意。然而全国100多万个村庄，这些人汇集到城市，尤其是集中于几个大城市，那就容易形成巨大的社会破坏力量，给社会造成极大的伤害。

一是拐卖妇女儿童犯罪猖獗

近些年，从公安破获的拐卖妇女儿童案件中看，一方面农民工外出打工子女留在家里，或将孩子带在城里无人照管，被一些犯罪分子钻了空子，拐卖现象十分严重；另一方面女青年或少女因家境贫穷外出打工，路途被拐卖的案件屡见不鲜。

2009年6月10日晚，中央电视台12频道报道，福建警方在福州解救一批贵州受害少女，其犯罪分子的犯罪性质令人十分愤慨。贵州省山区的20多名少女，多数十五六岁，最小的才13周岁，因为家贫失学，结伴外出打工。在贵州火车站被贵州籍男子骗上了火车，以5000～8000元不等价格卖到福建、浙江等地给50岁左右的农民做妻子，终日没有人身自由。不仅造成与家人骨肉分离的极大痛苦，而且遭受人身摧残，多数少女都患上了性病。①

2005年9月15日中央电视台报道，广东警方打掉3个拐卖团伙，抓获35名犯罪嫌疑人，先后拐卖几十名妇女儿童。犯罪分子基本都是农村无业游民。其根源与人口盲目流动政府部门难以管理有着直接关系。

二是偷扒抢劫时有发生

2003年5月1日，湖南长沙公安破获的一个飞车（摩托车）抢夺女人挎包的8人犯罪团伙，全是湖南、福建等省农村入城打工青年，年龄都是20多岁，小学或初中文化。由于进城找不到好工作，又不想吃苦，还想花天酒地，因此，干起了抢劫。近年来，这类犯罪人员其手段逐步向科技化发展，给社会造成的危害和影响越来越大。这些都与人口大流动直接相关。

这些人因为从静态的农村步入繁华的城市后，年轻好胜，又无绝技，城乡差别的撞击，很容易使他们心态失衡。社会管理部门却又没有找到合适的正面疏导方式，只是被动地抓人、审讯、处罚、劳教。据北京市某区公安部门统计，2008年全区犯罪人数高达2000多人，95%以上是农村进城的打工仔。这些人虽然在农民工中占极少数，但他们的影响之大，危害之深，可以说在不同程度上，破坏了城市的公共设施，破坏了城市的公共秩序，破坏了城市的市容市貌，破坏了城市的社会风气，破坏了城市的文明建设，给人民生命

① 中央电视台12频道，2009年6月10日。

财产安全带来了极其不安的隐患。

2009年8月6日，东北3名青年（19～20岁）在北京军博一带抢劫一女士，被当地百姓抓住。公安审查结果，3名农村青年都带着美好愿望来北京淘金，到京后却找不到事做，来了近2个月，仅去餐馆打了十几天工，嫌太累不干，逛了几天，已身无分文，3人合计干起抢劫。

2005年9月15日，中央新闻频道法制在线报道，北京公安抓获的偷车者20多人，都是来京打工未找到工作，又无钱回家的农村青年。他们居然盗窃残疾人的自行车。公安干警跟踪20多天，好不容易才抓获，毫无意义的增加了公安战线的巨额行政成本和公安干警的工作辛劳强度。①

三是犯罪手段越来越朝着高科技方向发展

一些犯罪分子利用网络、银行卡、手机短信、电话等手段、进行经济诈骗，而且这类案件越来越多。近期中央电视台报道，采用大量银行卡进行经济诈骗的犯罪分子，多数也是各地农村的无业农民，确实发人深省。

四是当前少数农民犯罪问题突出的主要原因

（1）农民工的法制观念淡薄。

（2）入城心态极不平衡。

（3）生活所迫，来城市找不到工作，带来的钱花光后，无生活来源。

（4）远离家乡，周边的人群互不相识，没有顾忌。

（5）影视教唆，获知犯罪方法。

（6）无意落入圈套，走上犯罪。如被同乡同学带入传销、贩毒、抢劫等走上违法犯罪道路。

---

① 中央电视台新闻频道，2005年9月15日。

其根本原因就在于农民工无序大流动而造成的恶果。从农民工的素质分析，可以分几个层次：

一部分进入公司或在事业单位打工者，有文化、有智慧、明事理、会办事。同时懂生活、有志向、能吃苦、有专长。

一部分打工者能力不大，文化程度也不高，但任劳任怨、勤勤恳恳、踏实做事。这种人在单位比较受欢迎，能和别人和谐相处，与人交往没有压力。

少数打工者没有能力，却眼高手低，生活朝上看，做事不想学，更害怕吃苦，挣不到钱就打歪主意，成群结伙，影响极坏。他们一心只想尽快改变处境，那就难免出现铤而走险。

一旦他们的行为得手，会影响一批人追随，正在徘徊者出现两极分化，使得犯罪队伍不断扩大，从而导致社会案件大增。

农民工中间的这个小群体与城市社会的隔膜仍在加剧，当他们在生活上遇到困难，尊严受到歧视，无助将使他们很容易误入歧途。

我国著名专家、国务院发展研究中心前任领导马洪、王梦奎主任在一书中论述："任何一个社会，当完全脱离家庭和社会组织约束的'游民'群体过多的时候，社会的稳定性均会发生严重的问题。今天的农民工数量庞大，长期脱离家庭，脱离确定的社会组织，城市的社会组织还对他们有制度性排斥，长期居无定所，没有一个稳定的生活环境，这是造成各种犯罪和社会不稳定的基本原因"。①

3. 农民工情感困惑是突出的社会问题

目前，农民工的情感问题主要表现在三个方面，并长期困扰着他们的心身。

---

① 马洪，王梦奎：《中国发展研究》，中国发展出版社2006年版，第250～251页。

一是已婚男女承受长期分居的情感折磨

婚姻是组成家庭的核心。男女双方一旦走入婚姻，家庭成员之间就相互承担着一份责任。这种责任体现在相互关心、相互照顾、相互给予生活幸福的朝朝夕夕相处之中。这对任何人，不管是贵族还是贫民，是男方还是女方都一样。然而，许多已婚农民工远离家乡，都在承受情感分离的苦恼。在北京的打工族中，尤其是各大建筑工地，几乎所有已婚打工者，都是孤身一人在北京，妻室儿女在家乡。他们辛勤忙碌一天后，只能在工地吃大锅饭，然后坐在马路边歇歇气。城里的戏院、影院、歌舞厅、足道馆、茶楼、洗浴中心、上档次的餐馆等都进不去。我调查的数百名农民工他们有一个共同的感觉，一来他们毫无能力承受娱乐场所的昂贵消费；二来城乡之间文化生活的极大反差将重重的刺激他们的心。

北京朝阳区政府在朝阳文化馆门口的广场上常为临近农民工免费放电影，有效改善了辛苦奉献于城市建设的农民兄弟的文化生活，给了他们极大的精神鼓励。但他们长期夫妇分居，有的已在外打工十多年，正值青春旺盛之时，情感的折磨却成了他们人生的一大心病。每到夜间，他们常哼着绵绵小调，释放心灵深处的郁闷。

每次走近农民工，他们无不倾诉，打工生涯把一生最美好的青春年华都留在远离家乡的城市。一年到头难有1～2次与家人短时间团聚，长期没有过上正常夫妻生活，更没有尽到夫妻间应有的义务和责任。成千上万农民工的这种状态不得不发人深省。

二是家庭成员承受亲情分离的牵挂

在打工族中，有部分已婚夫妻难忍分居之苦，干脆夫妻一同外出。可是舍下孩子和老人留在农村，还是无法摆脱亲情的牵挂。中央电视台已多次报道，不少乡村年轻夫妻进城打工，年老父母和年幼的孩子留在农村，孩子的学习没人管，生活没人照顾，造成孩子们的最大痛苦是情感缺失，并导致孩子的不健康心理。有不少专家担心这样发展，部分农民的后代将出现新的社会问题。回想我们自己的童年，突然离开父母，心里的那种思念真是整天无法抑制。可今天的农民工子女绝大多数都在煎熬这份情感。2008 年中央电视台播放的《千里寻母记》就是田嫂拍摄的 3 岁儿童寻找外出打工母亲的纪录片，许多农民工看了顿时都落下了心酸的眼泪。任何一个家庭除了夫妻之间相濡以沫，一般都会上有年老的父母下有年幼的儿女，作为主心骨的男人长期远离家乡千里之外，心中对父母和儿女以及所有家人的牵挂，长时间压抑在心里就成了挥之不去的心病。

(1) 农村留守子女的教育问题让外出的农民工放不下那份牵挂。一般情况下，大批农民工进城，其子女与双亲的一方或爷爷奶奶或外公外婆生活在一起。千千万万个本来就是好端端的家庭，突然变得各守一方，造成无数个家庭承受着情感分离。

如果把孩子带入城市，一要安排孩子住宿，可是自己的住宿都是几人凑合挤在一起；二要花费很多时间照顾小孩的饮食起居，在外打工也难顾上；三要花费很大精力看管和教育辅导小孩，这更是为难之事；四要交纳高额“借读费”，另加“赞助费”等，作为打工仔的绝大多数农民工都不具备上述条件，权衡利弊后只好让子女留守农村。

据相关资料表明，留守子女比例已达同龄孩子的 50%。四川寿县处于九年义务教育阶段的留守孩子占全县学生总数的 69%，个别乡镇高达 74.5%。①

(2) 农村留守子女却长期承受着亲情饥渴的困扰。由于农村留守子女的监护人一般都是亲戚或好友，绝大多数人是碍于情面关系才答应照顾孩子。但他们不可能与留守子女作必要的情感交流，造

① 邹新树：《中国城市农民工问题》，群言出版社 2007 年版，第 225 页、第 228～230 页。

成孩子性格孤僻，心理十分压抑。

而远离家乡的父母由于工作离不开，或路途遥远，车费昂贵等多方面因素，平时能不回家就不回家。据有关调查，春节期间回家的农民只占43.2%，有21.9%的人2～3年才回家一次，有的甚至7～8年没回过家。2009年10月21日，中央电视台新闻频道报道，重庆杨远林夫妇在贵阳打工，为了生活，为了给孩子挣学费，15年未回过家，外出时孩子才4岁，15年后回家时，孩子已19岁，父母与孩子见面都不认识了。①

由此，农村留守子女的亲情饥渴已十分突出，严重影响留守子女的心理健康。

三是未婚男女情感婚姻的后顾之忧

自20世纪80年代末以来，广大农村青年就开始了离土又离乡进城干“洋活”的新生活。他们从祖国四面八方聚集在城市的各个不同单位一起工作，男女青年在集体生活中随着时间的推移，在了解中增进友谊，在接触中产生感情，很自然地走进爱河的殿堂，很容易就在周边租间小屋过起了同居生活。接下来在对方的地域习性和家境毫无了解的情况下，尤其跨省甚至南北方两地路途遥远的青年男女相爱，更难了解对方家境和地域情况，凭着一份激情就草率地办理结婚手续。随着一段沉醉于初婚幸福时刻的流过，爱河的鲜花渐渐隐去，幸福的果实以一个小生命的即将降临而把甜蜜婚姻推向了承受重大责任和压力的阶段。

这时，作为在城市靠打工为生的农村青年，既无户口又无住房，三无社会保障的情况下，只能毫无选择地卷起行李回到男方故乡农村。经过一段时间，当女方体验到丈夫家境与他讲的相差甚远，甚至感到上当受骗时，就开始产生隔阂了。时间长了，矛盾必然激化。

---

① 中央电视台新闻频道，2009年10月21日。

这时的女方自然会思念自己娘家的父母亲人和同学，巴不得马上回到自己的故乡。可是望着家乡的云彩只能洒下一片泪水，何能一展双翅腾飞。

生活是实实在在的朝夕相处。一旦难以接受的成分超过一定界线，起初的海誓山盟就会立刻全成泡影。越是贫困的地区，外来媳妇更难稳定。男方一旦发现妻子的心态有变，将使出招数安抚。当思想工作灌输无效时，就会暴露出最原始的粗鲁本能，采取暴力制裁为解心头之恨。然而暴力绝不是解决婚姻矛盾的办法，这种没有良好经济基础又没有社会保障机制的婚姻必然要以失败告终。遇到这种命运一部分女性选择了忍受，长期过着一种忧郁的生活，这是打工生涯造成的婚姻悲剧。相当部分年轻母亲经过反思，选择了离婚或逃离，丢下新生幼儿造成母子永远分离的痛苦。这种状态极不利于女方自身的爱情生活，又不利于子女的健康成长，家庭分裂后隐藏着许多新的社会问题，特别值得引起社会关注。

据《潇湘晨报》报道，湖南衡阳蔡小珍在东莞市打工时认识了同在东莞市打工的江苏刘某，两人很快恋爱，一年后进行婚姻登记。不久，刘某的弟弟来到广东，透露了一个让小珍难以接受的事实，刘某在老家已有妻子，并有一个 11 岁的女儿。蔡小珍很伤心，想把肚子里的胎儿打掉，但医生告诉她不宜流产。后来刘某离开了广东，蔡小珍也带着女儿回到老家，至今都不知道刘某在什么地方。

从现实生活分析，农民工更多的人在很长时间内只是恋爱，很难形成婚姻。或者结婚后仍在外漂流，造成婚姻不稳定。

4. 农村留守子女监护缺位

在社会生活中，父母对子女的那份关心和情感，是他人无法替代的。孩子有自己的父母在身边，感觉是最安全的依靠。可是现在农民工家庭的子女监护缺位，却让孩子们无可奈何。

一是单亲监护

父亲外出打工，母亲留在农村负责种地，监护子女，照顾长辈，打理家务。肩负的担子重，心理上还要承受对远方亲人的思念，难以周到地对孩子进行教育，影响孩子学习。

二是隔代监护

留守子女的父母双双外出打工，爷爷奶奶或外公外婆作为孩子监护人。据联合国儿童基金会和中国妇女报的调查表明：600 名学龄留守儿童中，66.3％的儿童与爷爷奶奶或外公外婆生活在一起。这种情况容易娇惯宠爱孩子，不利孩子成长。

三是上代监护

农村留守子女的父母双双外出打工，而爷爷奶奶及外公外婆身体不好或已不健在。一般由农村的叔婶、姑舅等亲属或好友监护，让孩子“寄人篱下”。这种监护更不利于孩子的学习和良好行为习惯的形成。因为孩子在他人面前不可能有太多的交流，心理和精神上的需求能得到的关怀甚少，监护人也不敢严厉管教。

四是自我监护

年轻父母外出打工，也不委托他人照料子女，留守孩子自己照顾自己或以大带小。通常是自己照顾不好自己，在学习、安全问题上很容易出事。他们像孤儿，几乎没有父爱母爱，生活质量低劣，感情世界空虚，胆小怕事，会经常感到无助和茫然，不利于孩子的健康成长，特别容易产生异常心态。①

5. 农村留守子女成长教育问题突出

我们每个人的一生，其性格、习惯、志向、道德等很多方面都是小时候形成的。农村留守子女因家庭亲情的缺陷和亲情监护的缺

① 邹新树：《中国城市农民工问题》，群言出版社 2007 年版，第 226～228 页。

位，给其子女个性发展和身心健康发展造成了许多方面难以弥补的问题。

一是孩子过早远离父母难以健康成长

国家法定的未成年人，实际就是年幼者还没有能力单独料理自己的生活。当前农村由于父母不在身边，子女得不到合理饮食而发育不良，衣服得不到及时换洗，个人卫生差，生病和受伤时难以得到及时医治等问题十分突出。尤其是孩子年龄偏低、自治能力极差而出现事故的现象十分严重。

广州惠州林就万夫妇长年在深圳打工，3 个女儿由 80 多岁的奶奶照顾。大女儿林文婷因蜡烛引燃大火烧成双脚残废，二女儿林文容 6 岁在家用柴烧火时引起大火严重烧伤，脸部手脚全成畸形，被别人称为“鬼孩”，4 年没出过家门一步，更没上过一天学。四川威远县 13 岁小敏和 9 岁表妹小玉由奶奶照顾，村里小卖部老板娘诬陷她俩偷钱，她们找不到父母撑腰出气，绝望后双双留下遗书投河自尽。

湖南宁乡县一个 2 岁多的小女孩，父母外出打工由奶奶照顾，小孩经常独自在山野玩耍，被一个 40 多岁的光棍糟蹋得不成样子。

四川富顺县 13 岁的小英，父母外出务工后无人照料，却被堂伯父多次诱奸，最终导致怀孕生子。

《楚天都市报》曾报道过，《魔爪频频伸向幼女　留守子女安全当引起重视》。报道了随州市曾都区法院少审庭一年开审的 48 宗案件中，因父母外出打工，幼女遭强奸或猥亵的案件竟占 1/3。①

二是孩子没有父母管教，学习成绩难以稳定

我们可以肯定，无论是过去的人还是今天的人，无论是大人物还是小人物，每个人的童年都需要父母的管教。家庭和谐，父母常

---

① 邹新树：《中国城市农民工问题》，群言出版社 2007 年版，第 230 页。

在身边，孩子不仅有安全感，而且不会分散学习精力。而农村留守子女因父母不在身边，学习上出现的问题得不到及时发现和解决，加之小孩学习自控能力较差，遇到问题过不去，慢慢就会出现成绩下滑，一旦滑到跟不上班，孩子就会想到弃学。加之社会上一些不良风气的引诱，很多孩子学好千日不足，学坏一日有余，很容易就会走入邪道，一发不可收拾。本来可以成才的苗子，就因父母不在身边，一下就被踢入社会另类，甚至堕落难于挽回。

三是心理不健康是留守子女中的普遍现象

农村留守子女由于缺乏父母的亲情，导致心理难以正常发展，很容易产生自卑、孤僻、冷漠、多疑、喜欢独来独往、合作意识差、厌世自闭等心理现象。一旦他们形成这种心理，就难免出现精神空虚，人格扭曲。有些孩子不想学习，整天无所事事，沉迷上网，玩电子游戏，打麻将；或拉帮结派，打架斗殴，甚至投靠“大哥”，加入黑社会性质团伙；或早恋和同居，丧失性道德观念。这种状况，关系到新时期培养教育一代人的大事，值得引起社会高度重视和深思。①

四　人口无序流动导致社会管理难度增大

改革开放前，中国人口流动的比例非常低，尤其是农村人口的流动不到今天的1%，几乎处于不流动状态。当社会允许城乡人口自由流动后，农村上亿的人口毫无组织地自由向城市涌进，并形成全国性大流动的格局，在一些特殊环境下难免出现难以控制的局面。

1. 社会对人口大流动管理没有充分准备

中国是个人口大国，尤其是以农村人口占绝对优势的人口分布格局

① 邹新树：《中国城市农民工问题》，群言出版社2007年版，第230～236页。

具有相对的特殊性。当农村完全解除土地束缚人口外出的禁锢后，立即掀起了亿万农村人口向全国乃至世界大流动的热潮。由于这个热潮来得迅猛异常，而且在中国历史上从来没有过，社会几乎没有这方面的管理经验。当这个热潮带来的社会管理工作量大大超过了社会原有管理部门管理能力所能承受的压力后，管理失控是不可避免的。

2. 管理被动导致无序大流动中存在众多安全隐患

一是个体劳务中介打着招工旗号诈骗务工人员

本分善良刚从乡下跨入城市而又渴望急于就业的农民工，客观上容易上当受骗，落入招工陷阱。2009 年 3 月 24 日晚，中央电视台 2 频道报道，深圳市职业介绍中介公司——兴才公司，利用外来打工仔求职心切的心态，采取程序化手段疯狂诈骗。凡去公司应聘者，先交 20 元报名费进入面试，然后一步一步通过几道面试程序，每道程序都得交钱，一般都被诈去1000多元。

当应聘者交完钱后，他们还会通知你去厂家上班，应聘者接到通知去厂家时，与他们合伙行骗厂家早已准备了让你扑空的理由。[①]就这样，每天都有大批从全国农村去深圳的打工仔被骗，一些刚出校门的小女孩被骗光后流落街头，吃住无门，想回家乡路费都没有，自然产生强烈憎恨社会的心理。

近些年，全国城市中介公司以招工名义诈骗的现象较多。绝大多数城市一些个体挂牌招聘中介，相当一部分都存在不同程度的诈骗行为。无数进城务工人员上当受骗却又无可奈何。2007 年 6 月，发生在山西震惊世界的黑砖窑事件，就是一起典型的个体诈骗招工案例，如果通过政府部门的正规渠道招工，就不会出现这类现象。

目前对这些招聘中介公司的不法行为，社会却长期没有制定出

① 中央电视台 2 频道，2009 年 3 月 24 日。

良好的管理办法，但又没有取缔这些黑中介，使这类问题不断升级，其骗术也越来越大胆。

二是上当受骗者容易误入歧途

被骗后的农民工，容易逼上铤而走险之路，导致恶性循环。从全国抓获的大量案件中，有些人本来一身清白，就因为在外打工被骗后，身无分文，无路可走，迫使铤而走险，陷入犯罪歧途。

三是社会缺乏必要的教育手段

入城人员未得到入城前必须的政治思想教育和入城就业指导，也是导致心理容易变异的重要原因。

调查发现，广大农民长期住在农村，偶尔进城见到城乡差别时，虽然也有强烈的自卑感，但他们更多想到的是原来世界还这么精彩，应该好好努力改变处境，向城市人学习。很少有人想到去偷去抢，去犯罪。因为他们知道一旦落入法网，人生失去自由的日子是很难受的。其次长期不在城市这种陌生的环境，他们身边都是熟人，千百双眼睛和熟悉的面孔，让他们惧怕无法面对。一般情况下，尊严和面子能够使他们的心态保持不过底线。

当他们踏入城市，并允许他们在城市长期生活，而自己又无能为力过好生活时，眼前所见的繁华，难免诱惑他们日夜不停地想招、创造条件改变自己的困境。然而涉世不深而又无特殊技能的农民工，哪有能力一时改变自己的状况，一招失败，多招不成，就会想起了歪主意。加之没有合适的教育手段跟踪，身边陌生的环境又让他们无所顾忌，他们出轨的可能性就已难免了。

3. 公安像支“消防队”工作量急剧加大

公安干警，是社会生活中一个特殊职业群体。新中国成立以来，我国广大公安队伍在维护社会稳定，保护人民生命财产安全方面作出了巨大的贡献，立下了不可磨灭的功绩。在这支特殊队伍中，绝大多数公安干警长期处在紧张的生活状态，在他们的生活历程中，很少有个安心休息的周末，甚至国家的法定节假日，他们也得不到正常休息。

2008年12月12日中央电视台新闻报道，深圳市有上千万流动人口，每天都有大量的案情发生，现有的警力根本管不过来，这一现象许多地方都有同感。凡在公安部门工作的同志，不管是在吃饭，还是睡觉，只要接到任务，毫无条件地立即出发，警情在哪里就奔向哪里，这是职业责任所在。

尤其在基层工作的同志，警力与实际工作量相差甚远，长期处于战斗状态。如北京各区派出所的警员，常常是忙到深夜，通宵工作也是常有的事。治安案件和刑事案件接连不断，其原因与人口大流动、管理难度加大密切相关。社会生活中出现的新矛盾，给政府管理提出了全新的任务和责任，同时也迫切需要我们对社会生活运行模式提出深省。

每年春节期间，中央电视台总有一场反映公安生活的文艺晚会，在这个维护我国社会稳定，保障人们出入平安的卫士队伍中，有许多优秀人物形象搬上舞台，确实令人感动。这里我要发自内心的说一句：公安干警们辛苦了！虽然他们不是每人都会有惊天动地的故事，但他们那种朝朝夕夕日夜守护着工作岗位的执著精神、敬业精神，那种不怕麻烦风雨兼程为民排忧解难的奉献精神，人们是永远不会忘记的。每当一个优秀卫士的形象出现，人们都会从心底里感到无比的敬佩！

近些年，我国的公安和法院虽然比改革开放前大大增加了人数，律师也成热门行业，但还是打不完的官司，抓不完的罪犯，尤其农村流动人口中犯罪案件比例确实不小。有些案子拖了好长时间也判不下来，不少人都把这些问题归结于政法部门不作为，实在有些太冤。其实，过细想想，在很大程度上是因为社会生活运行模式出现了新情况，是人口大流动中难免的现象，以致出现的诸多社会问题超出了社会管理部门最大限度的承受能力。特别值得注意和深思的是我国农村地域辽阔人口众多，农村社会生活的运行模式是否和谐，是否有利于广大农村乃至整个社会稳定至关重要。由此，我们不得不思考，中央一再强调的制度创新，这应该是当前社会生活中最前沿的历史任务了！

第三章　调整城乡发展模式刻不容缓

党中央、国务院提出城镇化国策，从某种意义上说，不亚于打一场战争，而且是一场迫在眉睫的战争，是一场不流血的消灭贫穷落后的战争，是一场富于重大现实意义和深远历史意义的战争。如何打好这场战争，首先是战场布阵，对其作战方式、主攻目标、推进路线和兵力部署等作出精深决策。本书推出的“万镇”模式、“企业战略转移”模式、“城市内优外特”模式、“扬弃式现代农业”模式，不仅应是推行城镇化的有效运营模式及“工业反哺农业”和“以城带乡”、“城乡统筹”等方面具有实际操作性的方法，而且还应该是中央从根本上解决“三农”问题实现城乡一体化和同步进入小康的有效途径。

一　城镇化的重点是在农村创建中心镇

我们可以肯定，解决农村问题，其主体战场毫无疑问应该摆在农村，才能改变农村的面貌。虽然城镇化建设这场战争绝对不是9亿农民自己能够完成的，但如果在城镇化建设中，让大批农村主力军挤入城市，不仅城市不可能把那么多农民转入城市按城市居民生活标准配置生活资源和解决就业，而且还会严重影响农村城镇化的发展，严重偏离中央关于城镇化建设着重解决农村问题的本意。

中国农村问题的复杂性和特殊性，决定了我们必须在体制机制上寻求突破，在宏观韬略上创新农村的主体运行模式，提升驾驭城镇化建设这场战争的巨大能量和底气，才能赢得这场战争的主动权。

为此，我们在清楚地了解当前城镇化建设复杂多变的现实状况基础上，针对城镇化建设涉及社会各领域的深层矛盾以及当前城镇化建设中遇到的阻力和问题，必须跳出农村想思路，抛开劣势用优势，从宏观的大层面，从历史的长河中，从整体社会生活的全局，进行全方位综合调配社会资源，确立和建立起一套长久摆脱贫困的城镇化建设系统运行模式。通过这套模式运行，实现广大农民既能安居乐业，又能劳动致富，依靠农民自身力量改变农村状态，使中国农村进入一个全新的良性发展阶段。

“四大”模式的提出，特别是其中“万镇”模式的构架，不仅是对我国农村传统发展体制的突破，而且是从源头上化解我国社会诸多矛盾的主要途径。我国农村万个左右中心镇的定位，应该是形成全面改变中国局面的时期到来。镇！将在中国疆域土地上绘出万紫千红的美丽蓝图；镇！将成为承载“中国梦”的新型舞台！

二 城镇化建设的主题是增强农村“造血功能”

中央提出城镇化建设的目标要求，包括了农村政治、经济、文化以及农村社会生活方方面面的健康发展，把农村改变成全新的面貌。其中的核心主题在于解决农村“造血功能”。就像人一样，长期靠外援和靠“输血”过日子，总不是办法，只有当自己的“造血功能”康复了，才能长久健康生活。

由于历史的原因，我国农村发展滞后于城市，这是众所周知的客观事实。改革开放30余年来，党中央、国务院一直高度重视农村的发展，特别是近些年来，中央财政对农村给予了前所未有的投入，社会各界也在用心关注和支持农村的发展。然而，中国农村由于地域辽阔，人口众多，社会的倾力支持虽然解决了不少困难，但要从根本上解决问题仍然显得力不从心。

中国农村的问题，关键原因就在于“输血”只能治标。要想从根本上扭转局势，必须解决农村自身的“造血功能”。

1. 广大农民不能长期充当被“输血”者

农民本是社会财富的创造者。中国农民人口众多，一个几亿人口的群体，如果长期靠国家补助过日子，似乎有点不正常。虽然国家如此重视，每年都在加大补助力度，但农村层面太大，城乡差别的距离还不小，要想使广大农民的经济状况与城市居民均等，即使设想完全采取超常规的特殊手段，国家拿出比现在超过多少倍的资金给农民补足，使农民的收入完全与城市居民同步，也还是无法从根本上解决问题。

因为第一，国家不可能这样做，即使打算这样做，财政也拿不出那么多资金。国家财政虽然富裕，但也不是取之不尽的无底洞。

第二，即使今年国家集中财力按城市居民标准补足了农民，明年怎么办？后年怎么办？只要广大农民没有找到改变困境的根本出路，每年都得依靠国家补助，一旦国家补助链断裂，立马又会陷入贫困状态。

第三，年复一年，一代传一代，只要出路问题没有突破，农民就世世代代维持这种状况，永远成为全国人民进入“小康”社会的拖累。

因此，广大农民决不能长期扮演被“输血”的病态角色，农民本来就是创造社会财富的巨大群体，是地地道道的社会劳动者，应该用双手为自己创造财富，为社会创造财富，成为支撑社会健康发展的力量，不应成为社会前进的包袱。

2. 农民成为被“输血”者的原因

用历史观点分析，我国农民本不应该成为被“输血”者。早在几千年的漫长封建社会里，由于土地掌握在地主手中，中国农民一直就是封建君主和土豪劣绅索取劳动成果和社会财富的主要对象。他们长期处在死亡线上挣扎。

新中国成立后，广大农民分得了田地，拥有了自己的劳动舞台，他们凭着自身勤劳朴实，任劳任怨的作风，通过双手创造财富，基本过上了当家做主的自由生活。

随着历史的推移，特别是改革开放以来，由于社会科技事业的快速发展，给农业带来了全新的社会竞争局势。原有的劳动舞台逐渐失去了应有的竞争力，加之长期城乡二元结构和农产品剪刀差的影响，使广大农民的经济状况与城市居民之间的差距长期得不到消除。

2006 年，中央在全国取消农业税以后，农民的一切劳动收入归自己，国家还倒给农民种田发补贴，按理说这是农业发展史上破天荒的大好时期。

这种政策下的广大农村耕耘者，应该很快走上富裕之路，应该可以与城市居民的生活同步。然而，现实并不如推理那么理想。农民仍然处在困惑之中的原因如下。

一是传统耕作方式使土地一直维持比较原始的经营水平

近些年，虽然各地都出现了一批种粮大户、养殖大户，并获得了较好的经济效益，但绝大部分农村，其土地经营项目和产量产值都没有太大的进展或突破。依靠土地为业者，收入没有太多的增加，一旦遇上自然灾害，难免陷入困境。

二是市场经济是以竞争为主导的激励机制经济

从市场经济的本质分析，充分体现了强者胜、弱者败的规律，可以说它是一种扶强踩弱经济。一方面有利于社会经济的快速发展进步，使优者为胜，强者更强；另一方面又毫无情面地打击劣势者，使弱者更弱，直至消逝。

我国农业刚从计划经济走出不久，单个的农户在经营中还没有掌握有力的竞争手段。尤其加入世贸后，农民面对经济全球化的竞争格局，更加感到束手无策。西方发达国家的现代农业，早已进入了机械化大生产和高科技的生产经营态势。相比之下，我国农业生存发展的困难还在逐步加大，竞争能力处于十分微妙的状况，迫切需要注入新的活力。

三是农民的现有素质难以适应新形势下农业发展的客观要求

客观地说，土地还是那片土地，农田还是那片农田，但国际上的耕种方式方法的变化，已使我国农民传统的耕作方式陷入了十分无奈的窘迫状态。要想改变这种状态，除了外因条件的相助，在很大程度上作为内因的广大农民其素质的提高是至关重要的。如果农民的素质不改变，农民不能适应现代农业推广科学技术为主体的要求，不能适应市场经济各类产品的竞争格局，特别是劳动者自身不能掌握相应的科学技术手段，在激烈竞争的现实中，农民就会失去许多致富的机会和优势。目前，可以说我国大多数农民正处于这种困惑状态之中。

四是外出务工收入微薄

农村剩余劳动力进入城市，绝大多数人分布在基建、餐饮、保健、娱乐、煤矿等行业。这些行业有的劳动强度大，有的工作时间长，其待遇普遍不高。虽然一年也能净赚几千元或上万元，但在外开销大，家里失去的也多，综合起来算个账，这种路子基本处于维持温饱略有所余，但不可能很快致富，更不可能凭借外出务工这种方式消灭城乡差别，实现城乡一体化。

3. 改变农村发展环境在于确立“造血功能”模式

农村的“造血功能”，理所当然只能设计在农村这片土地上培植。但采用什么方法来培植农村的“造血机制”，这是关系到能否康复“造血功能”的关键。

在这里，我们首先必须明确，探讨农村“造血功能”的问题，绝不能就农村研究农村，必须把农村放在整个社会发展的生活大环境中来探讨。非常重要的一点就是必须整合社会资源，即借助社会的力量。但又绝不是要求社会简单拿钱去补助，而是需要汇聚社会力量帮助农村康复“造血功能”的机制，让农村通过农民自身的劳动能够持久健康的发展。

在这其中，农民虽然是主力，而且永远是主力。但如果没有外力的推动和相助，其主力就很难走出低谷。就像一个人掉入泥坑了，一定需要外力拉他一把才能踏上健康之路。由此，借助外力，即社会力量，将是构架农村“造血功能”机制的基本要素。这个外力，应该包括政府的投入和扶助，但更重要的还是通过政府的政策导向广泛调动社会力量。

一是城镇化建设特殊时期有待社会更多的支持

近些年，政府加大对农村的投入确实超过了历史上任何时期。2007年中央财政对“三农”的总支出达到了4318亿元，比上年增长22.8%；2008年中央财政用于“三农”的投入达5955亿元，比上年增长37.9%；2009年中央财政投入“三农”的资金达7161亿元。这一递增的数据真让人振奋，让全国人民对农村的发展充满希望。但从国家统计部门的资料显示：10年来，农村固定资产投资占全社会固定资产投资的比重仍低于城市。①

虽然城市投入有其特殊性，尤其是存在一些特殊领域的投入较大，城乡不能如此攀比。但农村在创新“造血”机制的特殊历程中，仍需力求社会给予更大力度的扶助。

---

① 张晓山，张淑英：《中国农村经济形势分析与预测》，社会科学文献出版社2008年版，第55页。

二是市场经济同样离不开社会导向

城市的快速发展，不全是市场经济的功劳，其中政府主导起到了重要推动作用。

①历史的原因，社会对城市的医疗卫生、教育、商业、文化生活、社会保障等必需的公共设施投入较大，使得居住城市的人们享受到就医、购物、娱乐生活、子女上学等良好的环境。而农村这些公共设施非常薄弱，甚至欠缺，这种差别中自然存在导向作用。

②城市基础设施和生活设施条件如此优越，企业的税收政策又是全国城乡一个样，客观上为企业选择城市发展提供了方便。

③由于城市企业多，在管理上相对比较规范。而农村企业少，一些管理部门法制观念淡薄，不顾影响地向企业伸手捞好处，甚至杀鸡取蛋，社会对此又缺乏强有力的保护措施，这种现象导致企业界人士很难在乡村发展事业。

上述三大因素，完全可以看出，城市的发展，特别是大中城市的快速扩展，以及农村发展中出现的困惑，与社会的导向有着相当重要的关系。

三是农村永远是我们的大后方

历史地看，城乡居民曾经都是同吃一锅饭，共住一个草棚下的亲兄弟。历史的农村，包括今天的农村，普通的农民家庭因家贫，父母培养子女心有余而力不足。中国农村历来有个不成文的规矩，一家有两个男孩的，一般都是老大留在家里干农活，优先让弟弟去学堂念书。

十几年后，弟弟学业有成，知书达理，在城市里找到工作，逐步成家立业，成为地道的城里人。老大常年务农，任劳任怨，供弟弟上学，十多年历经沧桑，人到中年仍是一个没有文化的土夫子，甚至家里仍一贫如洗，媳妇也难娶上，日子过得十分艰难。这种现象，过去和现在大有人在。今天在国家机关的公务员队伍中这种家境走出来的人也不少见。

就算从小在城里长大的人，也许其上辈或祖辈就是这样从农村走出来的。再把历史推至数千年前，那时候根本没有城市，大家都是农村人。因此，农村是我们祖祖辈辈生息繁衍的地方，今天仍是我们的大后方，是中华民族的大后方，是我们永远不可轻视的地方。

从地域面积和人口看，中国农村相当于一个小世界，农村不仅是扩大内需的最大市场，也是实现国民经济良性循环的关键所在。

综上所述，在新形势下，广大农民由于自身素质与时代要求有一定距离，属于自己的土地平台却无能开发其潜力，外出务工借用平台收入微薄，也难以走上富裕之路，难免成为当今中国的弱势群体，并作为国家救助的被“输血”者。

彻底改变农民的状况，不一定要求政府拿出更多资金补给农民，那样补一次只能好一时，只有通过政府的政策导向，创新一种机制，一种能够借助外力即社会力量帮助农民康复“造血功能”的可行模式，才能使他们走上永远能够自食其力的健康发展道路。

三　客观估量中国城市的发展状况

确定城镇化建设运行模式，很有必要对城市发展再次进行估量。这是抉择城镇化建设运行模式的重要因素和依据之一。

1. 城市到底能吸纳多少农村人口

著名城市问题研究专家、北京国际城市发展研究院连玉明院长论述：2003 年底，我国城市化率是 40.53%，如果按 2003 年我国 12.8 亿人口计算，这 40.53%就意味着目前我国城市人口大概是 5.2 亿，农村人口是 7.6 个亿。在过去的 15 年间，城市化率从 1990 年的 18.9%，增加到了 2003 年的 40.53%，不到 15 年的时间，城市化率增长了 21.63%，平均增长率每年是 1.55%。在未来的 15 年内，如果按照城市化率每年不低于 1%的增长率来增长的话，到 2020 年，我国城市化率大概要达到 55%～60%。也就是说，按照 2020 年我国 14.6 亿人口计算，我国城市人口大概为 8 亿～9 亿。这 8 亿～9 亿是什么概念呢？就意味着在未来的 15 年内，还将有 3 亿～4 亿农民从农村迁移到城市，这 3 亿～4 亿农民迁移到城市，就相当于现在 30～40 个广州这样1000多万人口的大城市，而目前我国人口在 100 万以上的城市不足 100 个。[①]

这个数字已经让我们清楚地看到，解决农村问题如果走农民向城市转移这条路有着太多的不现实，可更严峻的是，按这种城市化水平，到 2020 年还有 5 亿～6 亿农村人口不在这个数字内。这就让我们不得不思考一个现实问题，依靠城市解决农民问题客观上做不到，20 年、30 年都会打问号。

2. 大城市是否越大越好，其规模究竟是多大

根据城市专家对城市规模收益与外部成本的预算，当城市规模在 10 万～1000万人时，城市收益会随着城市规模的扩大而增加。而当城市规模小于 10 万人或大于1000万人时，城市规模的净收益会不断降低。只有当城市的规模在 100 万～400 万人口时，城市规模的净收益为最大值。

大城市必然带来城市病。比如人口膨胀，交通阻塞，资源紧张，生态环境恶化，甚至出现贫民窟。[②]

按照城市专家的论述，城市规模在 100 万～400 万人口时，是城市所获效益的最佳状态。

---

① 连玉明：《中国城市年度报告》，中国时代经济出版社 2005 年版，第 4～7 页。

② 连玉明：《中国城市年度报告》，中国时代经济出版社 2005 年版，第 4～7 页。

美国设计城市标准之一是城市核心的人口每平方英里（2.6平方公里）2500人。按照这个城市人口密度标准，不仅我们的城市大大超过了他们的城市人口密度，而且我们的许多农村社区都应该是城市了。

而目前，中国的设市标准之一是县人民政府驻地镇从事非农业的人口不低于10万人，其中具有非农户口的从事非农产业的人口不低于7万人；县总人口中从事非农业的人口不低于25%，并不少于12万人。①

就每个人的生活所需的社会环境，包括工作、学习、文化娱乐、医疗卫生、社会交往等，一个2万～3万人口的生活区就足以了。

当然我们设计城市，不是只考虑这些因素，更重要的是要求有利于发展经济。按照城市专家的观点，100万～400万人口是城市获取效益的最佳状态，这说明今天的省会城市和地级市的规模，是比较理想的规模。如果就生活而言，大城市确实没有小城市方便。其次，现代科学技术的发展，信息时代的科技手段，为小城市发展，为企业扩散营造了十分有利的条件。相对而言，大城市的许多弊端都是小城市的优势。由此让人们明白了一个道理，城市不是越大越好。

3. 大城市发展到一定规模时就该寻找新的发展空间

业内专家论述：随着经济全球化，区域一体化的发展，以行政区经济为中心的指导思想、发展思路、框架模式已经不适应新形势下强调地区协调发展的需要。城市在编制“十一五”规划时，应强调城市区域规划，突破行政区概念，引进区域经济的理念，地区与

① 张晓山，张淑英，李周，盛来运：《中国农村经济形势分析与预测》，中国时代经济出版社2008年版，第40页。

地区之间，行政区与行政区之间的协作问题。①

企业是城市生活中最活跃的因素，当城市发展出现城市生活超负荷的情况下，企业应该率先寻找新的生存环境。

国家发展与改革委员会宏观经济研究院副院长，著名经济学家刘福恒博士提出：工业化的对象是“三农”，城市化的对象是“三农”，市场化的对象还是“三农”。这些“化”的对象搞清楚了，还在城市里折腾干吗？因为在中华人民共和国的土地上，二元结构的阴面是大面。② 刘博士的论述，表明了解决农村问题的紧迫性，建设现代化和小康社会，帮助农村跟上步伐是关键。

从客观的角度看，大城市发展到一定规模，也应该寻找新的发展空间，重点应该跳出城区。

我国现有城市的发展，都局限在本市周边扩展。这是一个十分受条件制约的方式。因为周边的土地非常有限，摊“大饼”的城市，使城市病一天一天恶化升级，给政府的管理工作带来越来越大的难度。由此，城市发展到一定规模，就应跳出传统发展模式，向外寻找新的发展空间。

四　今天的农村具备了企业发展的“四个条件”

就现代企业的生存发展，主要应备有四个基本条件，即通水，通电，通车，通联。

改革开放30年前，我国农村因经济发展缓慢，一般不具备四通条件，所以企业基本落户在城市，甚至主要集中落户在交通便

---

① 连玉明：《中国城市年度报告》，中国时代经济出版社2005年版，第10页。

② 刘福恒：《中国城市年度报告》，中国时代经济出版社2005年版，第299～300页。

利的大中城市。自改革开放的伟大旗帜插入广大农村后，中国农村的环境逐步发生了很大变化。广大农民，尤其是农村基层干部，面对经济全球化的激烈竞争，借助改革开放的强劲东风，在中央和地方政府的指导扶助下，努力改变农村的现状，过去封闭落后的乡村，逐步修通了公路，架通了电源，饮用了清洁水，实现了村村通电话。

特别是近些年来，中央加大了对农村基础设施建设的投入，使广大农村道路已畅通无阻，乡镇一级公路已达到较好的路况质量，供电、供水和通讯等条件基本达到城市水平；手机、电视、电脑也逐步走入农村；网上交流和开展商业运营，已不再是城市公民的专利。

可以说今天的中国农村，特别是乡镇所在地，完全具备了一般企业生存发展的必备条件，而且逐年不断优化，越来越接近大中城市的企业生存环境。

事实早已证明乡村可以办企业

在人们的生活记忆中，历史已做过真实的验证。

那是20世纪80年代，中国乡镇企业异军突起，充分证明了广大农村是可以开办企业的。虽然许多乡镇企业经历了诞生、发展、衰退的过程，有的乡镇企业已成为历史，但那是因为和任何新鲜事物的发展一样，遇到了致命的困惑。失败的乡镇企业主要是没有走出三个误区：

(1) 企业领导不懂企业。刚从计划经济体制中走出来的农民工转换成企业负责人的角色，基本不懂企业管理，更不懂市场经济。对市场信息、市场需求、市场经营缺乏必要的知识基础，甚至对此一窍不通，从而使企业的发展很难与市场经济对接。

(2) 乡镇企业严重缺乏科技人才。多数都是土法上马，边看边干，生产出来的产品缺少科技含量，甚至粗制滥造。产品质量的低劣，使乡镇企业严重缺乏市场竞争力，出现产品滞销，甚至找不到市场，给企业带来严重亏损，导致企业功能萎缩，逐步失去生存能力。

(3) 乡镇管理存在过失。根据调查的情况表明，许多乡镇企业的停业与主管部门的管理不善密切相关。突出表现在三个方面：其一是行政干预企业过多，乡镇政府相关人员不懂企业又过多干预，造成企业管理混乱；其二是乡镇政府插手企业人事，任意调派人员，造成企业工作被动；其三是乡镇管理者为了解困政府财政，以支持政府工作为由，盲目向企业乱摊派，乱收费，杀鸡取蛋，致使企业承受不起沉重的负担而停业。

综上所述，乡镇企业萎缩和失败主要原因基本属于人为因素，其自然条件并没有直接影响乡镇企业的生存发展。何况到今天为止，全国仍有不少乡镇企业一直健康发展，并成为乡村经济的主要支柱。回忆这段特殊的历程，给了我们良好的教益和启迪。

今天，广大农村经过30余年的改革，企业生存发展的自然条件和主观因素都发生了重大变化。一方面水电路等基础设施得到了快速发展；另一方面市场经济体系的形成和成熟，已使人们的思想观念和思维方式都发生了根本性变化，对企业的生存发展所需具备的主观因素有了比较良好的共识。

解决农村“造血功能”，是城镇化建设运行模式的核心，也是城镇化建设的核心主题和全部意义所在。在这个世界上，最终的竞争是创意的竞争。

由此，中国城镇化建设最重要的是需要创造一个全新的运行模式，使城镇化建设顺利到达理想的目标。

五　为农民工就地打造出全新的就业舞台

本文在第二章已论述，现实生活中城镇化建设的主力军向城市转移存在诸多问题。通过这种方式很难在一定时间内改变农村的状况和使大多数农民融入城市。那么，我们也不能让大批农民工都待在家里，坐吃山空。必须为农村剩余劳动力创建一个新的舞台。一个便利他们工作和生活的就业舞台；这里的关键有两点，一是全新的就业舞台；二是便利农民工作和生活。由此，就业舞台的设计必须应用新观念。

在社会生活中，任何一个历史时期的任何一个新生产业的兴起，都离不开人们的创意。

20 世纪 80 年代，中国著名的农民改革家，当年广东珠海西区区委书记兼区长钟华生先生有句名言，思路决定出路，出路决定财路。早在 20 世纪 80 年代初，位于太平洋西岸的珠海西区还是荒原百里，渺无人烟，茫茫一片荒洲。曾经当过乡干部的钟华生，凭着智慧和经验，借助党和国家改革开放的英明政策，抓住能够放手创作的发展机会，把党和人民交给他对这片热土设计、改造的行政管理权力发挥到最佳状态，为珠海西区创造了辉煌的发展速度。

当年人们踏入珠海西区境内，巨大的横幅标语就会跳入眼帘：“思路决定出路，出路决定财路”，“今日借君一桶水，明日还君一桶油”，“借天下钱财，借天下人才，借天下经验之财”等。他的这套完整思路，已把国内国外有钱人广泛发动起来，大款小款纷至汇入珠海。一时间，珠海西区成了大兴土木的繁忙世界。

一栋栋拔地而起的高楼，以惊人的速度在这片荒洲上落成。仅仅 3 年，就基本建成了一座现代化的城市。香港过来的高层客商目睹这般气势，大为感慨地赞誉：“凭钟华生的一个思路，3 年在太平洋西岸的一片荒洲建起了半个香港，而且国家没有投钱。钟华生用自己的智慧带领人们改变了这片沉睡千年的荒洲，也实现了自己的人生最高价值，这无疑是乡村干部的楷模。”

改革开放 30 年前，华西村与中国各地千千万万的自然村也没有什么区别，全体村民同样过着普通的日子。

30 年后的今天，华西却成了全国文明乡村典型，全国最优秀的乡镇企业科技工业园，全国思想政治工作先进单位等。村办企业发展到了集团公司，包括华西钢铁建材公司、华西宝昌化纤公司、华西毛纺公司、华西建筑房地产装潢公司、华西旅游服务公司、华西有色公司、华西外贸服装公司等近 80 家村管生产企业。固定资产超 60 亿元。主要产业有冶金、建筑、纺织、旅游四大支柱产业。华西村企业形成产业群的态势告诉我们，今天的农村完全具备了开办企业的基本条件。

华西村的成功，一不是国家财政的大批拨款；二不是社会各界的赞助；三不是天上掉下了馅饼；四不是地下挖出了金库。凭的就是华西人的智慧，在新形势下抉择了一条特殊的发展思路，走了自己从来没有走过的，别人没有想到的路子和全新发展运行模式。①

陕西省户县甘亭镇东韩村，是县城北边的一个自然村。虽然靠近县城，但也是中国西部地道的农村。全村 240 户，900 多人，耕地面积 600 余亩。

然而，东韩村农民却办起了一个在国内外知名的企业——西安市旋播机厂。这个企业的创始人、现在的领导者史可器，是一位典型的新农民代表。是他带领一班农民从一个 63 元钱的修理部起步，发展到今天产值达3500万的大型企业。其产品获得过国家部委的技

---

① 江潭瑜：《中国新农村调查》，人民出版社 2007 年版，第 162～165 页，第 301～303 页。

术进步三等奖，并畅销国内外。这个企业安排近 500 人就业，职工月工资在2000元以上，在西部农村真是值得炫耀的收益。这个村自从有了这个企业，村上的农民逐步走上了富裕之路，本村的剩余劳动力基本不外出，还安排了一些周边村的人员就业。

如果说华西村是东部发达地区不可比，那么东韩村却是西部的自然村，没有特别的地理优势。这说明乡村不仅可以办企业，而且必须办企业才有可能走出困境。

六　运行模式的抉择原则和方法

新农村建设运行模式关系到诸多方面的因素制约。因此，设计这个模式，必须坚持几条主要原则：

1. 有利于改变广大农民的经济状况

这个模式的设计，最根本的问题是解决农民增收渠道，让广大农民通过一种新型劳动方式达到增加收入，快速改善家庭经济条件。

2. 有利于广大农民安居乐业

这条原则涉及两个重要方面，一方面是新型模式要让农民能够安居，不是漂流在外；另一方面是让广大农民就业，即天天有事做。因为劳力者闲置是无法增收的。这两者要求统一，就必须谋划新的就业舞台。

3. 有利于社会安定和谐

这些年，大批农民工向城市转移，带来了许多社会不安定因素，给社会管理者工作上带来了很大的压力。这实际上是就业模式造成的问题。设计新的运行模式，必须克服这个弱点，和谐有序的社会生活是运行模式的重要原则之一。

4. **有利于利用社会诸多资源**

中国的城镇化建设是一场没有硝烟的战争，光靠农民的力量和国家的支持是远远不够的。应该从模式设计上把调动广泛的社会资源作为重要的内容考虑，从模式上把社会资源融入城镇化的建设事业中，以推进城镇化的快速发展。

运行模式的抉择方法

各地的经验告诉我们，设计这个运行模式时，不能就农村探讨农村，必须从战略上跳出农村看农村，从资源上站在全国想农村，从地域上放大缩小琢磨农村，从实践上围绕中央提出的总体目标思考农村。

1. **在宏观战略上跳出农村论农村**

中国农村的问题，是党中央、国务院列入了工作“重中之重”的问题。如果我们跳不出农村的视线，就会感觉农村除了土地可做文章，没有别的议题可谈。虽然土地产能问题是农村的一个重要方面，但绝不是农村问题的全部。农村的问题要解决，必须借用外部力量的思路去发掘农村新的道路。

2. **从社会资源上站在全国想农村**

我国农村多数地方资源丰富，大有开发潜力。但农村的资源是属于潜在资源或待开发资源。如果没有外围流动资源的配套，农村的资源就会永远闲置，无法向社会释放光彩。因此，我们设计城镇化建设运行模式时，在资源整合上，必须站在全国想农村，才能推断出科学的运营方式。

3. **从地域上放大缩小琢磨农村的主体框架**

我们的国家是一个拥有 960 万平方公里和 13 亿人口的大国。与世界许多小国家相比，一个县甚至一个镇就相当于一个小国家。应用比较法来研究我国城镇化的运营模式，我们就会很自然地想到许多新的思路。

假如世界给我们这个国家就只有一个县或几个乡范围的地盘，我们不可能不发展工业，更不可能不发展其他产业，即使有些大型产业不具备开办条件，但不可能不开办相关产业。可以肯定很多生活必需品同样会在自己的地盘上生产出来。

所以，我们不能把土地当包袱，不能把农民当负担，不能把农村当拖累。中国的农村、农业、农民的问题需要我们从宏观战略上寻找新的思路。

4. 从实践上围绕中央提出的总体目标做好这篇大文章

党中央国务院提出城镇化国策，是对我国城乡协调发展美好蓝图的整体描述，是我们研究城镇化建设运行模式的大前提。中央提出的这个总体目标就像早已置于我们心中的一座有待修建的美丽而又宏伟的宫殿。

我们采取的所有方式，都是为了顺利建造这座宫殿。我们的责任就是设计一个切实可行的建造模式，能够在最节约的时间内，以最低的社会成本，最有利于社会良性循环的生活秩序，实现中央提出的总体目标要求。由此，本《专著》最根本的创新，在于下述“四大模式”。

第四章 “万镇”模式

习近平总书记强调指出：“坚持马克思主义的发展观点，清醒认识世情、国情、党情的变和不变，永远要有逢山开路，遇河架桥的精神，锐意进取，大胆探索，敢于和善于分析回答现实生活中和群众思想上迫切需要解决的问题。”①

习总书记的指示，使我们坚定了深入探索现实问题的信念。

根据我国农村行政区划的现状，挑选1万个左右乡镇打造成中心镇承担城镇化建设的主体战场，应是一个十分有益的运行模式。既为城镇化建设相对集中形成工业区域确立了基本规模取向，又为铺平全国农村向城镇化过渡的道路找到了一种有效途径。还为我国乡级政权行政管理体制改革提供了重要前提。

一 全国农村形成“万镇”格局的客观依据

1. 60年发展急需全面调整行政区划

我国现有乡镇的行政辖区格局，主要成型于20世纪50年代。当时农村的交通和通讯条件非常落后，乡镇干部下村和工作基本靠步行。为了便于乡镇政府的工作，其乡镇区域不宜设定太大，一般

① 习近平《在新进中央委员会的委员、候补委员学习贯彻党的十八大精神研讨班开班式上讲话》(新华网) 2013年1月5日。

都在1万～2万人左右（人口稠密和稀少地区除外）。

经过半个多世纪的发展，今天的农村交通，通讯设置已获得很大进步，大大提高了乡镇政府的工作效率和信息传递能力。乡镇政府的机构设置和人员也大量增加，原来十几个干部的乡镇现在已增至近百人，虽然经过几次大的乡镇改革，全国乡镇数已由1996年前的5万来个合并成了3万多个，但仍有相当部分乡（镇）的行政辖区还是几十年前延续下来的狭小区域，出现了多方面的不相适应：

（1）乡镇狭小区域不适应现代大型农业项目开发，难以适应市场竞争的大格局。

（2）狭小的行政区域承受现代诸多管理部门的行政费用，必然导致财政负担过重，出现基层政府财政连年亏损。

（3）上百名干部采用现代管理手段管理狭小行政区域，造成行政管理机构的管理能力和管理资源的巨大浪费。

（4）行政区划面积过小，也难以形成城镇化规模。

（5）狭小辖区有限的财力、物力、人力不仅不利于乡村城镇化发展，而且将直接影响到城镇化建设。

由此可见，60年的社会发展已在客观上迫切要求现在乡镇区划格局重新作出适当调整。

2. 在全国农村划为“万镇”区域面积大小适当

从我国农村现有的乡镇区划面积和人口布局，农村的地理环境状况，以及农村现代交通和通讯等事业的发展状况分析，“万镇”模式即在全国农村确立1万个左右中心镇作为城镇化建设的主体战场，与农村的实际基本相吻合。这个模式的特点，将对全国农村的行政区划面积版图作一次长远发展的布局调整，形成全国农村城镇化的基本框架和格局。这个框架和格局，对于广大农民的生活起居，就地就业，日常活动，以及快速转移农村人口进入城镇等诸多方面，

都会起到十分显赫的作用。

如果新农村建设的主战场摆在县（市），将存在着亿万农民工进入大中城市同样的矛盾，许多具体问题无法解决。如果就现有3万多个乡镇同时摆开主体战场，又会因为过于分散，其财力、物力、人力都难以形成规模格局。因此，只有在3万多个乡镇中选择相对集中的地域确立1万个左右的中心镇，重点发展工业，包括农副产品加工工业和其他适合在中心镇发展的各种工业，周边乡镇的农民工在中心镇就业，很快就能形成氛围，实现城镇化建设的全新格局。

3. 农村人口分布于“万镇”符合城镇人口指数要求

资料表明，中国的设市标准之一是县人民政府驻地镇从事非农业的人口不低于10万人，其中具有非农户口的从事非农产业的人口不低于7万人。①

这个指数是县市政府驻地城镇的参照标准指数。目前全国农村人口仍有8亿左右，按万个中心镇划分，平均每个中心镇也能达到8万人左右。那么作为县市以下的中心镇应该低于这个指数。由此全国集中发展“万镇”，人口数量能够达到城镇化发展要求。所预计的人口数量一般最少能达到5万～6万人，多的可能达到8万～10万人，少数人口稠密镇可达10万人以上，完全可以衬托城镇化的人口格局。

由此可见，全国托出“万镇”模式，不仅是我国城镇化建设符合国情的模式，也是中国逐步实现城镇化的有效途径。

4. “万镇”模式是创建城乡社会协调发展的坚实基础

目前，我国农村的教育与城市相比仍存在一定差距。农业人口

① 张晓山，张淑英，李周，盛来运：《中国农村经济形势分析与预测》，中国时代经济出版社2008年版，第40页。

中文盲和小学文化的人数还占了近40%，这个客观事实谁也改变不了。如果我们只是从美好的愿望出发，把解决农民问题的出路定在向城市转移的途径上，就凭这部分农民所受的教育程度，也很难在城市生存。这些年，虽然社会对农村剩余劳动力向城市转移的呼声越来越高，但毕竟还只是呼吁。如果真让城市敞开户籍制度大门接纳上亿农民，实施起来是很难推动的。因为把这么大的农民群体转移到城市，尤其是这些接受教育程度较低的农民，谁给他们稳定的就业？谁给他们解决住房？谁给他们医疗卫生和基本生活保障？谁给他们安排子女上学的学校？谁给他们子女补助上学的费用？等等。一旦接收他们为城市正式居民，他们就有理由要求享受城市居民同样的待遇，而事实上又做不到，那样难免不会造成社会混乱，造成国家的不安定。

"万镇"模式正好适应了社会良性发展的需求，既能减轻城市压力，又能帮助农民尽快转变身份，成为城镇居民。更重要的还能快速实现全国城镇化和加快全国城乡同步进入小康的步伐，又避免了农民的尴尬局面，是构建中国和谐社会的主体基石。

5. "万镇"模式符合人性化生活发展方向

随着科学技术日新月异的快速发展和人民生活水平的不断提高，人们的生活观念也发生了很大变化。尤其进入21世纪以来，人们对于人居环境的优化提到了全社会广泛关注的重要位置。

改善生态环境，降低污染指数，净化生活空间，打造绿色家园，已成为时代发展的方向和人类共同追求的主流。

从世界发展的大趋势看，各国人们已逐步把环境与健康的关系问题提到了人类社会发展中十分重要的位置和高度。一些发达国家已有不少人离开闹市区迁移到乡间享受大自然的美丽和田园风光。

然而，在我国广大农村，却有千千万万蕴藏着人类延年益寿的

无价宝地在闲置。那里蓝天辉映的碧波秀水，林海相伴的鸟语花香，却伴随宇宙孤独的旅行朦胧淹没在无人问津的历史长河之中。真让人感慨：青山秀水空对月，谁娶仙园作玉婷。假如我们能在那种氛围中搭起一片生活空间，那是多么富于自然生态的人性化情调。

由此，我们在广大农村创建“万镇”，正是选择了人与自然和谐发展的阳光之路，适应了时代的客观要求。不仅符合人性化生活发展方向，而且避免了走单一城市化道路给泱泱大国造成只有城市繁荣而无乡村人居特色的单调和乏味。当成千上万个绿化城镇在神州大地崛起之日，将是中国版图上如繁星闪耀的又一显赫景观，让全国人民赞叹和世界人民震撼！

二　“万镇”模式的功能定位

改革开放以来，全国乡镇由 5 万多个逐步合减到了 3 万多个，如果再由 3 万多个逐步合并到 1 万个左右的中心镇，这应该是一次具有特殊意义的行政区划格局调整。这一变革，不是简单的行政管理区域增大，而是强化乡镇经济发展功能，彻底改变中国农村几千年来传统格局的一次历史性重大变革。

“万镇”模式形成后，中心镇的地位将呈现出诸多方面的特点，并在农村显示出特有的强势功能。

即：农村政务活动中心；

工业发展中心；

经济引领中心；

小农户与大产业组织中心；

地方特色资源开发中心；

农村消费拉动内需中心；

城市与乡村连接中心；

农产品与市场对接中心；

农业技术人才培训中心；

剩余劳动力转移就业中心；

现代商业中心；

文化教育活动中心；

城镇化人居中心；

特别是国家的长久备战重心和民兵预备役队伍建设中心等。

这些独特功能的存在，充分显示了中心镇完全不同于原有小乡镇的地位。其功能所产生的特殊作用，将会实实在在引领广大农民向城镇生活过渡，快速改变农村社会的生活现状，避免农民工盲目向城市转移而出现的诸多社会矛盾，使中心镇成为实现中国社会进入全面城镇化的新型载体，承担起孕育中国农村转换生活形态的重大历史使命，创造出中华民族发展史上提升人们生活质量的伟大丰碑！

三 “万镇”模式的十大显赫作用

由于“万镇”模式适应了我国社会发展的客观需要，又符合党中央、国务院提出城镇化建设的目标要求，在推进我国现代化建设的历程中将呈现十大显赫作用。

1. 全面解决人口合理布局确保国家安全

在我国疆域国土上布局万个左右“中心镇”，不仅是充分利用了祖国各地优秀的自然生态条件，为我国人民从根本上改善生活环境状况在发展思路上的重大突破，而且从国家整体安全上，布局了一个有利应对各种灾害风险的人民科学居住版图。特别是在防御战争、地震、瘟疫三大突发性灾难方面，将对减少灾害造成可能的损失，确保人民生命财产安全发挥决定性作用。

历史的经验告诉我们，在决策重大事项方面，特别决策有关民族和国家大计方针方面，千万不能只顾眼前利益和单纯从经济角度考虑，国家和民族的长远和大局利益，才是决策事物的核心因素。

当我们还处在世界战火常在一些地区燃烧的时代，防御的警惕绝不能松懈。“万镇”的形成，其特有的环境便于民兵预备队伍训练，平时维稳，战时参战。在应对可能发生的现代战争方面，不仅可以避免人口过于集中将会遭受的重撞损失；而且便于科学分散布置武装防御力量，强化国防安全设施。

2. “万镇”模式将成为我国全面城镇化的坚强载体

根据我国农村的实际，“万镇”格局形成后，使我国几亿农村农业人口真正有条件快速转移到当地镇上就业，并逐步向镇上迁移，实现农民身份的转变。这是一条具有中国特色的城镇化道路。与此同时，农村劳动力将进入一分为三的有序状态，一是绝大部分农村劳力在当地中心镇就业，并将逐步向中心镇迁居；二是一小部分满足城市用工的需求；三是一小部分从事农业种养殖业。充分发挥中心镇主导就业的特殊作用。

3. “万镇”将成为拉动内需的主体

当“万镇”模式在全国形成后，必将以其多项独特功能带动广大农村经济空前活跃，从而快速改变广大农民的生活环境和观念，成为快速拉动内需，并具有强大后劲的新型消费主体，从根本上改变中国经济发展严重依赖外贸的格局，并确保我国经济不受国际经济危机的影响。其次广大农村建设“万镇”，将出现建设材料巨大的消费空间，其本身就是内需主体之一。而且成为拉动内需和国家税收的巨型“起搏器”。

“万镇”建设将毫无疑问地持续拉动钢材、水泥、建材、电器、家具、土建、物流、金融、银行、地产、商业、餐饮等相关行业新的需求，带动诸多行业成为朝阳产业，大幅度增加国家税收。当“万镇”格局完全成熟，几年后生产经营进入稳定发展时期，“万镇”将可能成为国家长久的纳税大户。

4. 向城市有序输送从农村补充的劳动力

关于城市用工问题，客观要求应尽快建立有序吸收城市用工的机制。

《中共中央关于推进农村改革发展若干重大问题的决定》中指出：“统筹城乡劳动就业，加快建立城乡统一的人力资源市场，引导农民有序外出就业，鼓励农民就近转移就业”。①

温家宝总理在2009年政府工作报告中指出：“加强有组织的劳务输出，引导农民工有序流动”。②

中央的精神，既体现了建立有序流动的重要性，又体现了应尽快制订劳务输出的有效机制，劳务输出应由政府相关部门加强管理，不宜简单交给社会中介承办。

万镇形成后，可以直接管理农村劳动力输出和就业，从而杜绝社会中介机构从中行骗造成危害社会的恶劣影响。目前，我国城市用工面对农村需求主要是三个方面：

（1）突击性临时用工。某些单位特殊需要，用工时间只是20天到一个月。

（2）季节性和短期用工。一般在半年到一年左右。

（3）长期用工。一般在3～5年以上，甚至终生。

对于季节性和短期用工以及临时用工，建议劳动部门出台政策，应履行相关合同手续，保护农民工在合同期内的人身安全和工伤事

---

① 《中共中央关于推进农村改革发展若干重大问题的决定》，《人民日报》，2008年10月20日。

② 温家宝：《政府工作报告》，《人民日报》，2009年3月15日。

故保险，享受相关福利待遇条件。

建议国家出台政策，对于城市长期用工履行正式招工手续，并给予城市资源安排，包括享有城市居民户口等基本待遇。避免农民工进城同工不同酬，同工而身份和社会地位不同以及被歧视等不合理现象，使社会生活进入良性循环。

5. 能充分利用农村现有资源

我国农村地大物博，蕴藏着丰富的物质资源，具有巨大的开发潜力。只要我们过细探讨，几乎每个乡镇都会存在特色资源。“万镇”格局形成后，其一是充分利用了全国农村几万亿元的房屋资源，作为农村向城镇逐步过渡的可靠基础；其二是充分利用近些年国家投入农村交通、电力、通讯、饮水等上百万亿元的基础设施资源；其三是更有条件开发地方特色产业资源。由此，如此多的资源利用，充分体现了“万镇”模式具有其他方式无法替代的作用。

6. “万镇”模式对维护社会稳定将发挥重大作用

在全国布局“万镇”，本是一个科学布局社会管理的战略。这个格局形成后，将会较好地解决在管理上由于人口过于集中大中城市所带来的一系列社会矛盾和问题。长期以来，虽然我们国家在社会管理方面已积累了较丰富的实践经验，但面对一个上亿人口长期处在流动状态的情况下，无疑很难确保社会安定的局面。因为任何一个处在流动中的人员，本身就存在很多不确定因素，当他离开了家庭，离开了亲人和朋友，离开了原本熟悉的生活环境，来到一个完全陌生的地域，自然会出现生活上的许多不方便，一旦当面临的困难超过心态的承受能力时，就会做出不理智的举动，给社会造成不安定因素。当这类人群占到一定比例时，社会管理就会难以维持正常状态，甚至出现不可预料的混乱现象，给管理工作造成被动局面。“万镇”的形成，将彻底改变这种状况。当流动人员基本回到稳定的生活环境中时，社会管理就会出现新的秩序。“万镇”将为社会稳定提供永久的安定要素和条件，使社会管理恢复规范性发展，形成良好的社会风尚。

7. 使政府从难于安置农民工的矛盾漩涡中解脱出来

自从社会发出呼吁农村剩余劳动力向城市转移的那天起，我国政府就不以人们意志为转移地步入了这个巨大的矛盾漩涡中。

其原因大家都很清楚。首先是党中央、国务院已把解决“三农”问题列入了全党工作的重中之重，解决农民问题是中央的大政方针，任何一位政府官员毫无疑问都会竭力推动这项工作。

其二是解决农民的问题，本来就是政府理所当然的责任，当整个社会都在呼吁农民应该进城了，哪一位政府官员会说不让农民进城，那不是永远要遭世人唾骂的事吗！

其三是今天的城市就那么点地盘，又有哪一位政府官员能应允社会的呼吁，斗胆说将大批农村剩余劳力作为城市正式居民安置呢？

其四是现在这种亿万农民工大流动的格局导致的许多社会矛盾，已给政府的工作带来了不少难以控管的因素。从感情上和责任上，毫无疑问要为农民兄弟脱贫致富竭尽全力，但从客观现实看和在实际问题的处理中又感到有诸多困惑和力不从心。

综上四点，今天在对待农民进城的问题上，真是让政府说进或说不进都难以定论。推出“万镇”模式，不仅解决了农民和城市的各自困惑问题，而且立马可使政府从矛盾漩涡中解脱出来。

8. “万镇”作为城镇化捷径将为快速实现全国统一户籍提供可能

多年来，社会各界一直都在呼吁，希望政府出台政策，取消城乡户籍管理制度，实行全国统一的居民户口。

然而，由于我国人口众多，城市与乡村存在较大差异，城乡户籍制度在很大程度上对于保持城市合适的居住人口，维护社会生活秩序，仍起着十分重要的作用。

就目前而言，当城市不具备接纳几亿农村人口能力的情况下取消户籍制度，并没有太多的实际意义，即使让大批农民上个城市户口，他们也不一定有能力在城市长期生活下去。

“万镇”模式是实现农村城镇化的坚强载体，是一个造福于农民，造福于农村，造福于城乡，造福于社会的可靠模式；是构建和谐社会的基石。

“万镇”模式的本意，就是安置当地农民，让农村富余劳动力就地转化为城镇工人和居民。其生活成本大大低于大中城市，适合广大农民的承受能力。既不会给大中城市增加压力，又实实在在将农民转移到了城镇，是符合中国国情的一条城镇化捷径之路。这个时候，广大农民获得当地的城镇户口才有真实意义，也为实现全国统一户籍提供了可能。

9. “万镇”为创建“生态文明”提供客观基础

我们祖国地域辽阔，山水秀丽。“万镇”模式的推广，在选择创建中心镇的地址时，必然把自然环境的优劣作为取舍的主要条件，力求中心镇创建于绿色生态地域的怀抱之中，以独特的自然生态环境和多民族的建筑风格，衬托出中国农村“万镇”的无穷魅力，成为当今世界独一无二的“生态文明”人居经典，让更多的人幸福生活在绿色家园之中。

“生态文明”，应该包括自然“生态文明”和人为“生态文明”。由此，我们在创建“万镇”过程中，在选择优秀自然环境和保护好自然风光的同时，还应特别注意到建镇风格与当地的地域风情和民族个性相匹配。

近些年，社会各界有不少人士指出：改革开放以来，我国的城市建筑千城一面，一味简单模仿，不只是物质空间形式上的雷同，更说明了城市文化个性的贫乏，“200 个中国城市如同一母同胞”，这是中国城市建筑设计的悲剧！

当我们拉开“万镇”建设工程前，应该吸取城市建设的这一教训，充分考虑中华民族五千年的灿烂文化和多民族国家的人文风情，把“万镇”作为优秀历史文化和高度“生态文明”的经典来打造，努力建造出世界一流的新型城镇化水平来！

10.“万镇”将为顺利推行城镇化发挥最完备的基础功能作用和最本职的综合协调地位

从“万镇”所能体现的独特功能看，我们可以肯定，“万镇”的兴起，中国广大农村的经济必然会发生全方位的历史性巨变。

这是因为“万镇”模式除了政治文化等多项功能外，在很大程度上是一个经济实体模式。

我们可以预测到，全国农村 1 万个左右中心镇格局形成后，在各级政府的关怀扶助下，将充分发挥引进和组织社会各类资源的功能；

发挥主导开发农村特色资源的功能；

发挥主导支持相关力量开办各类企业的功能；

发挥对接国内外市场的功能；

发挥引领企业科技创新开发特色产业的功能等等。竭力打造当地的经济品牌，创造良好的区域经济效益，康复农村的正常“造血功能”，不断提高广大居民的收入，形成镇内区域经济全新的发展优势。

在这里，我们应该注意到一个客观事实，即今天全国各地许多发展达到一定规模的乡村镇，过去同样没有什么工业。

誉满全球的华西村，几十年前也是个靠耕作混日食的村庄。江苏张家港、浙江湖州的许多山区乡村、湖南的香花村，特别是河南黄河边上一贫如洗的长垣县等，开始并没有什么独特之处，都是在国家政策支持的大环境下，依靠当地干群一股强烈的创业精神搭起了新的舞台，走出了困境，逐步发展壮大，以至形成了今天的产业优势。

当“万镇”作为我国城镇化的主体运行模式后，在各级党委政府的高度重视下，必将赢得社会各界的广泛支持和参与，自然会在很短的时间内形成一定规模格局，可能一年内就会在广大农村掀起城镇化建设的全新热潮，成为支撑我国农村兴旺发达实现城乡一体化的历史性旗帜高高飘扬在红日高照的祖国上空！

四 挑选“万镇”应考虑的“六个”方面条件和应严格遵循的基本程序

到2006年底，我国共有乡（镇）34675个。挑选“万镇”作为城镇化建设主体战场，在相互比较的基础上，建议考虑以下六个方面的条件：

（1）具有道路交通优势；

（2）具有引用水资源优势；

（3）具有电网通讯设施优势；

（4）具有自然地理环境优势；

（5）具有公共服务设施优势；

（6）具有可能利用的资源优势。

依据上述六个优势，并作为基本条件，从3万多个乡（镇）中选出1万个左右具有地域优势的乡镇作为中心镇打造。

鉴于挑选“万镇”地址关系造福子孙后代的历史性大事，建议对“万镇”的选址，应严格遵循下列基本程序。

（1）制订预选方案。由省、市、区政府制定区域内中心镇预选基本条件，作为预选依据。

（2）进行预选摸底。由省委省政府根据各地人口数量和地域条件等因素，进行预选摸底，分配各县市中心镇预选数。

（3）组织预选。由县市政府办公室会同民政、国土、农业、商务、科技、发改委等相关部门和有关专家组成选拔小组，根据省委省政府下发的中心镇预选参照条件及名额，按程序组织选拔工作。

一是由各乡镇党委政府负责推荐预选乡镇；

二是县市负责召开民意座谈会，充分听取社会各界的意见；

三是选拔小组及专家论证，提出决策建议。

（4）报地市政府审议。

（5）报省级政府审定。

（6）上报国务院和国家相关部门备案批复。

“万镇”选址应该注意的参考因素

中心镇选址，涉及许多因素，除一些基本条件作为取舍的标准外，还应该考虑到四方面的参考因素：

（1）历史名人故里，由于名人的社会知名度高和影响面广，对中心镇的发展将起到一定的推动作用。

（2）历史流传的知名地域，特别是具有传奇典故、有利社会流传、对扩大社会影响具有相对优势的地域。

（3）山水秀丽，风景宜人，便于发展旅游事业，具有特色资源的地域。

（4）要特别注意避开地质有缺陷、易受风雨洪涝、泥石流滑坡、地理环境复杂、自然条件恶劣容易受灾的地域。

五　从实际出发确立“万镇”发展规划

“万镇”定位，在依据基本条件和参照因素基础上，还应注意现有乡镇发展的实际，特别是改革开放以来，我国乡（镇）区划已经过了几次大的调整和合并所形成的具体实际。

1996年前，我国还有43735个乡（镇），到2006年已减到了34675个乡（镇），近3年来还在逐年并减。不少乡（镇），特别是经济发达地区的乡（镇），经过几次合并已达到了相当规模。有的乡（镇）已经提前进入了中心镇格局。因此，在打造“万镇”过程中，建议应该区分不同情况进行规划：

（1）已达中心镇规模的乡（镇），可直接纳入城镇化建设主体战场，支持加快发展步伐。

（2）对已经小有规模，但又达不到中心镇要求的，可做好规划，根据条件适时并入1～2个乡（镇），尽快扩大到相应规模以达到中心镇格局。

（3）对于完全没有建镇，或形式上乡已改镇但尚未形成建镇格局的乡村，必须根据建立中心镇的条件选出中心地址，并根据所需人口基数和地域面积，规划好将要逐步并入的乡（镇）数。

由此预测，第三种情况应是中心镇建设中的重点，而且规划并入的乡镇有的可能2～3个就能达到中心镇规模，有的地域可能需要并入4～5个乡镇或7～8个乡镇甚至并入更多的乡镇才能形成中心镇格局。

目前，我国县市之间由于地域差别，其人口数量差别也很大。有的人口密集县高达100多万人，个别县高达170多万人。一些发达地区的自然村，有的已聚居几万人口，个别村已形成小镇格局。而少数人口稀少的县、市、旗，仅有1万或几万人。这些特殊情况地域，只能采取特殊方式对待。原则上我们可以灵活掌握，通过中心镇模式，把全国现有3万多个乡镇全部规划到1万个左右或1万个以下中心镇中，并采取在发展中逐步兼并，争取半年左右完成“万镇”规划定位，3年左右完成兼并任务，实现全国农村城镇化建设基础的全新局面。

农村“万镇”，将彻底打破我国农村的现有格局。经过一段时期的发展，“万镇”将以独特的城镇风格在中国广大农村凸现出群星灿烂的现代风采，显示出中华大地处处满园春色、姹紫嫣红的新局面。同时也让闲置多年的亿万农家房屋重新迎接主人的入住，让21世纪的中国农村平稳踏入时代最强烈的新型生活！

六 从江苏、浙江、广东等三省农村建镇的实践，看“万镇”模式的生命力

我国历史上的东、南地区广大农村经济发展也同全国一样并不富裕。改革开放前，江苏、浙江、广东三省的农村，受计划经济体制的禁锢，主要种植粮食，其他产业包括养殖业却很不发达，更谈不上发展工业。

改革开放后，随着农村体制的变化，东南地区农村经济迅速出现了新格局，个体经济特别是民营企业的兴起和快速发展，很快改变了东南地区农村的面貌。从江苏、浙江、广东走过的路程，可以清晰地看到，农村中具有地域和资源优势的乡镇，完全可能成为农村城镇化的显赫亮点。如浙江的湖州、嘉兴、温州、金华、宁波、诸暨；广东的汕头、惠州、东莞和虎门镇；江苏的苏州、无锡、常州的一些乡镇等，都把中心镇的发展作为打造区域经济的重要载体，使中心镇在推动农村城镇化过程中发挥了极其重要的作用。

浙江省早在2004年全省762个镇就已有4061平方公里面积，平均每个建制镇的面积达5.34平方公里。其中13个镇人口在5万人以上，最大的苍南县龙港镇人口达13.9万人。浙江的城镇化，成为吸纳农村剩余劳动力的重要载体，不仅使当地多数农民就地就业，而且还吸收了不少外来劳动力就业。

浙江省湖州市德清县，2002年以来，引进县外资金82亿元，有

40多个国家和地区的客商在德清县内投资创办企业500多家，全县工业企业总数达2000多家。2004年对乡镇行政区划进行了再调整，全县乡镇由16个调整为11个，使全县乡村形成了中心镇格局。与此同时，加大对中心镇基础设施的投入，完善中心镇的产业发展功能，实现了资源的优化配置，拓展了乡镇发展空间，使大批农村剩余劳动力在当地得到就业。2008年全县实现工业总产值466.4亿元，生物医药、特色电机、新型材料、新型纺织已成为四大主导产业。

广东省增城市的新塘镇，是广东省的示范中心镇，地处广州市东部门户，是广州市东进的落脚点。地域面积251.51平方公里，其中镇区面积19平方公里。下辖71个行政村和16个居委会，总人口约40万人，其中户籍人口21万人，外业人口19万人，充分展示了中心镇在解决农村问题中的突出地位。近年来，广东加大了对全省中心镇的投入，为更好地发挥中心镇在当地城镇化进程中的载体作用采取了更加有效的举措。

江苏省委省政府多年以来，在稳步推进大中城市经济发展的历程中，特别注重县域经济和扶植中心镇的发展，改革开放前，江苏的经济并无特殊优势，剖析江苏经济的发展道路主要起步于乡镇企业。

江苏人民在历届省委、省政府的领导下，凭着穷则思变、敢想敢干的拼搏精神，努力创建民营企业，不仅大量吸收了当地的农村剩余劳动力就业，而且还安置了大量的外来劳动力就业，外来人和当地人共同打造出一座座中小城市，使江苏走向了今天的辉煌。在苏州、无锡、常州、镇江等辖区内的县市乡镇，工业经济的快速发展，已把这片土地上的多数乡镇改变成了中小城市，成功创造了“苏南模式”。

20世纪80年代前，张家港还是一个乡级镇，仅20多年时间，发展成了全国百强县级市，如今张家港的下属乡镇，多数都变成了现代化的小城市，这些辖区的农民基本都过上了城市居民的生活。

江苏县乡城镇的发展，显示出了企业扩散是农村城镇化道路的重要战略，是建设新型城镇的基本支撑力量，同时也显示了城镇化是解决中国农村问题的基本道路，是中国改革开放的伟大创举。

江苏的经验就是高水平的城镇化经验，江苏走过的路，将是新农村建设中“万镇”模式的参照之路！

“万镇”模式是中国农村的希望所在

实现全国城镇化，是党中央、国务院解决“三农”问题的重大战略举措，是社会各界由来已久的共同呼吁和良好愿望，更是广大农民兄弟多年的梦想。改革开放以前，大部分省的县以下设有行政区，区以下才是乡（镇）。虽然区只是个派出机构，但它从地理位置上却占有优势，成为周边几个乡镇的中心地域。如南方这样的区一般下辖3～5个乡（镇），可以作为今天挑选“万镇”（中心镇）参考。中国农村的实际、中国社会的实际、中国城市的实际等几方面的因素决定了“万镇”模式最为现实。中心镇周边的乡，在没有兼并前仍隶属县（市）。

待全国最后一个乡（镇）并入中心镇之时，就能向国内外宣布，中国完全实现了城镇化。

根据我国现有的财力、物力、人力，特别是全国人民一呼百应、不怕困难的强大决战精神，以及我们党历史以来的英明决策和号召指挥能力，有可能六至八年就会向全世界发布这个振奋人心的特大喜讯。

第五章 “企业战略转移”模式

《中共中央关于推进农村改革若干重大问题的决定》中指出：“尽快在城乡规划、产业布局、基础设施建设、公共服务一体化等方面取得突破，促进公共资源在城乡之间均衡配置、生产要素在城乡之间自由流动，推动城乡经济社会发展融合”。①

中央的“决定”特别提到尽快在城乡规划、产业布局等方面取得突破。这一提法，为我们抉择企业战略转移提供了理论依据和政策指导。根据中国城乡现阶段发展状况，中国城镇化建设的运行模式，必须对中国版图内的企业布局位置进行调整，调动部分企业正规军向农村转移，为农村康复“造血功能”创建全新舞台，启用这把金钥匙打开城镇化建设全新局面。

时代需要我们举起这面新的旗帜。企业宏观布局战略转移，必然迎来城镇化建设全新热潮。

一 城镇化建设少不了企业参与或主战

无论从历史角度考察还是从现实状况分析，打好中国城镇化建设这一仗，必须鼓动全国企业家参与。广大农民只是主力，企业家

---

① 《中共中央关于推进农村改革发展若干重大问题的决定》，《人民日报》，2008年10月20日。

是主战。

1. 中国企业家有着护国安民的优秀传统

中国的企业家多为热血男儿和坚强女士。他们走过艰辛的历程获得巨大的成功之后，始终没有忘记党和国家，没有忘记人民，特别没有忘记发展滞后的中国农村。

近些年，我与数百名企业家促膝谈心时，发现他们的灵魂深处都有一种十分可贵的意愿，发自肺腑的意愿，即迫切希望我国农村尽快改变落后状态，实现城乡和谐，国泰民安。他们十分关心国家大事，一有机会无不谈论国家大事。我深深感到当代企业家，绝对不是以个人赚钱发财就心安理得打发日子的心态，他（她）们一般都会视民族利益、国家利益高于个人利益之上，是我国社会主义建设事业的得力干将，是推进城镇化建设不可忽视的强大力量。

早在民主革命时期，就有大批民族资本家为了广大人民和民族的解放事业，倾注全力支持我们党领导的民族解放战争。新中国成立初期，同样是一批优秀企业家和工商界人士支持和帮助我们党把一个一穷二白的烂摊子快速引向了社会主义的康庄大道。

2. 当“战争”来打必定赢得企业踊跃投入

改变一个千百年来遗留的历史问题，而且是改变几亿人口落后的生活状态问题，无论从时间上、技术上还是力量上都不会小于一场战争的难度。因此，在战略上我们应该当作一场“战争”来打，这样就会赢得社会的广泛支持，再难的事也难不倒中国人民。

改革开放 30 余年来，在我们自己的沃土上，锻炼成长了大批优秀企业家。在他们看来，手中的财富来源于社会，终究要回报于社会。

1998 年的洪灾，2008 年的南方冰灾，2009 年的四川地震等灾难，数以万计的企业家慷慨捐助。国家扶贫基金会、中国红十字会、民政部的社会捐助基金会等等机构，每年都有大批企业为之注入资金，为社会需要帮助的人伸出援助之手。

对于解决农村发展滞后这一仗，中国企业家们早有思想准备。他（她）们不可能袖手旁观，不可能视其国家主导的大事而不顾。可以预见，只要党和政府一声号召，全国大批企业家将形成浩浩荡荡的创建新型产业的王牌军，开赴政府指向的目的地，集中优势兵力打好这一仗。

农村城镇化的战场，无疑也是中国企业家的战场。他们是党和政府解决农村问题的得力助手，是中国经济良性运行的主要基础力量。他们的到来就是中国农村的希望。就像打仗一样，农民主力军打得身疲力弱的时候，正规军组成的大部队及时来到，这场战争的局势就会立马改变。

我们完全坚信，就像当年红军到达陕北，虽然条件十分艰苦，穷山恶水，苦不堪言，领导人都长期住在窑洞。可是就在那种恶劣环境下，凭着红军超人的智慧，惊人的胆识，不怕牺牲的伟大精神，一边打仗，一边种粮，纺纱织布，缝补洗刷，既做男人事，又干女人活，在山洞里造出了洋枪炮，在穷山沟造出了大乾坤，奇迹般地打下了千古江山，建立了中华人民共和国。历史的天空从此见到了五星红旗高高飘扬，东亚病夫一夜变成了东方巨人巍峨屹立于世界东方。这是多么伟大的创举，这是多么神圣的经历，更是多么值得世人骄傲的丰碑。

回想到此，我们应该充满信心地告诉世界，在中国共产党的领导下，中国农村城镇化这一仗，我们一定打得很漂亮，因为我们党想干的事，只要发动人民认真去干，还没有干不成的先例。解决农村的问题，虽然不容易，但已列入了全党工作的重中之重。就表示我们党对农村这一仗早已下了决心。与延安时期相比，农村这一仗轻松多了。

首先不需要流血；其次情况也不至于两军对峙那么复杂；第三也是更重要的，今天广大农村的条件比当年的延安不知好了多少倍。不仅不需要我们住土洞，而且水、电、路、联等现代化的设施都已为我们准备齐全。如果能拿出延安精神的 1/10 来办今天农村的事，可以肯定地说，乡村处处都可以办企业。而且乡村不少地方现有的企业也充分证实了这一点。我们完全相信，有人会说，城市比乡村的条件肯定更优越。这的确不错。但是我们不是在谈论哪个地方更好办企业，而是在探讨农村能不能请动正规军办企业。

这就好比一辆汽车在行驶中，前面有一处泥泞路段，我们在分析只要能闯过去，哪怕刮下底盘，弄脏轮胎也不能退缩，因为这车货一定要送到，唯有这条路是到达目的地的通道，哪怕付出点代价也毫不犹豫地前进，因为走其他路可能根本就走不通也到不了。自古华山一条路，我们必须无条件地趟过去。

3. 企业鼎力相助已有捷足先登之势

自从党中央国务院发出农村改革的伟大号召后，广大企业家都在注意寻找机会，力求发挥自己的优势，参与这场划时代意义的事业。

他们早已认识到，解决一个历史遗留的重大社会问题，不可能不付出一点代价，也正因为需要付出一点代价，我们党才列为全党工作的“重中之重”。积极响应党的号召，为全党工作的“重中之重”奉献出点滴力量，是一件无限光荣之事。

从企业的角度考虑，也许会付出一点代价，也许会获得更好的意外收获，因为党中央的政策为企业战略转移大开绿灯时，整体经济布局都会发生重大变化，农村的自然环境本来就比城市优越多少倍，也许那时会引发观念上的重大变化。记得娃哈哈的老总在接受中央电视台采访时就介绍过自己是一位倡导下乡办企业的先行者，他的许多生产基地早已办到了乡下。

当然，何止是娃哈哈的老总，在神州大地的广阔农村，部分县、市、乡（镇）已有不少城市的企业家设点办厂，开了先河。如果今天党和政府发出号召和出台引导政策，相信全国千千万万的企业都会联手热烈响应。

一旦全国乡（镇）成为企业王牌军作战的大本营，中国的社会的城镇化建设必然出现奇迹般的局面！

中国的企业家已看好了中国下一个前景光明的最大市场——中国农村，他们无论站在事业的角度上还是站在道义的角度上，都会愿意响应党和政府的号召，支持和参与中国的乡村城镇化建设，在改变中国农村的伟大战役中留下自己的点滴贡献。何况站在经营者的角度，他们早已看好中国的城镇化建设中蕴藏着巨大商机。在他们眼里，改变中国乡村运动，是一项巨大的经济运筹活动。

事实也会如此，农村的任何一点改造，都离不开社会投入，同样也少不了产业效益。也许不久的中国农村将变成地球上最热烈的建设工地，最活跃的群体生产企业，最繁华的交易市场，经营效益最棒的产业舞台，更是最具生活气息、人气最旺的人类栖身的生活乐园！

二 社会为工业基地扩散已作了八方面准备

1. 信息快速传递手段具备了工业基地的扩散功能

科学技术的发展，推动人类社会进入了信息时代。电子技术广泛应用于社会生活的通讯领域，使信息传递方式和速度发生了质的变化。

20 世纪初，一条消息传遍全国，少则十多天，多则两个月，边远地区甚至时间更长。到20世纪中叶，电话和广播的普及大大改观了信息传递速度，但仍局限在消息的传播范围。一些文字材料，特别是各类设计图案，仍然需要通过邮递花费很长时间才能到达目的地。

20世纪末，当电子技术进入通讯领域后，尤其是信息产业的发展和网络技术的普及，使信息传递方式得以空前发展变化。

以电子计算机为主体的网络技术，把世界各地相互之间变为了零距离。这一事物的出现，真是验证了古人的一句话：在家不出门，能知天下事。

在这种高科技的时代里，任何一个企业的生产基地，无论设定在哪个角落，都不会受到信息传递的影响。

2. 农村基础设施具备了企业生存发展条件

自20世纪80年代以来，我国开始着手农村公路建设，进入21世纪后，乡村公路的普及已成为农村一大亮点。历经十余年的努力，目前全国交通已基本发展到了村村通公路。而今，乡镇办企业，道路交通完全具备了企业运输的基本要求。

电力资源是企业生存的基础。近20年来，由于国家对我国农村电网的高度重视，并给予了大量投入，使我国的电力事业得到了充分发展，目前全国各地乡镇基本都已通电，为开办企业创造了十分有利的先决条件。

企业都存在不同程度的用水量，水资源是开办企业的必备条件之一。在我国农村绝大多数乡镇都具备了一定量的水资源，部分乡镇水资源较为丰富，开办一般规模的企业不需外引水源。

3. 农村土地价廉面广

我国农村地大物博，为开办企业预备了广阔发展的土地空间，这是企业挤在城市，特别是大城市无法可比的优势。

4. 乡村蕴藏着大批特色资源

历史以来，各地乡村蕴藏了大量的地方特色资源，为开办企业提供了特别的资源条件，包括木材产地、特色食品产地、矿业产地、渔业产地等。这些区域优势都会为企业落户乡村发挥其巨大的推动作用。

5. 农村富余劳动力将为企业用工提供有力保障

乡镇开办企业，劳动力资源丰富。

在中央发出城镇化建设伟大号召后，广大农民的积极性都已充分调动起来，并日益盼望城镇化建设能有重大突破性进展，时刻准备以全部身心投入这场改变自身命运的战斗。

6. 基层政府切盼迎接“企业战略转移”

经过改革开放30多年的锻炼，基层干部队伍素质大大提高，无论在观念上、能力上，还是文化水平上等综合素质已发生了根本变化，特别是从组织领导能力方面完全具备了推进城镇化建设的良好基础。一旦企业正规军参与新农村建设，各级政府将为乡镇开办企业出台更多的优惠政策，加大支持力度，确保企业基地扩散顺利推进，为中国城镇化建设提供强有力的可靠保障。

7. 支持农村科技队伍发展的力量雄厚

全国强大的科技队伍，将怀着对改变中华民族历史进程的使命感，为投入城镇化建设的企业注入新的活力。

(1) 大中城市企业中本身具有大批强势专家队伍，他们将随着企业转移而同时转移到新的环境，成为新农村建设中企业发展的科技主力军。

(2) 随着大中城市大批企业向乡（镇）转移，与大中城市紧密联系的国家科研院所的专业技术人员工作重心自然一同转入乡（镇），成为企业发展中一支重要的科学技术支持力量。

(3) 社会各领域的专家学者，在党中央国务院的伟大号召下，必然积极响应国家的号召，把自己的专业知识用到祖国和人民最需要的地方去，用到事业最需要的地方去。

8. 金融部门将为城镇化建设推波助澜

《中共中央关于推进农村改革发展若干重大问题的决定》中指出："各类金融机构都要积极支持农村改革发展"。①

近些年，中国的金融家已从多方面做好了充分准备。他们充分相信农民的信誉，他们坚信农村的市场；他们看好乡村的巨大潜力；他们有信心操作好金融业在农村的投入；他们正在或已酝酿了一套造福农村的投资方案或模式。农村将成为金融业21世纪全新投入的热土，成为银行最大的发展空间，成为金融家们理性开发的一片充满希望的处女地。

上述八大优势，已决定了中国的城镇化建设已到了万事齐备，只欠东风的时候了。

三　国家扶助是城镇化建设的坚强后盾

历史进入21世纪以来，中央政府对我国农村的关爱态势，已为农村发展提供了一个前所未有的发展时机。

1. 政府导向将赢得社会广泛参与

发动城镇化建设，是党中央国务院一项让全国人民欢欣鼓舞的重大战略决策。多年来，党中央国务院对农民问题的重视，对农村和农业问题的投入力度，特别是对解决农民生活实际困难所采取的

① 《中共中央关于推进农村改革发展若干重大问题的决定》，《人民日报》，2008年10月20日。

诸多举措，以及从政策层面上为农民、农业、农村发展所作的重大调整，足以说明中央政府已把解决“三农”问题提到了国家宏观发展的战略高度。

政府导向是全国人民行动的指南。在我国的社会生活中，政府一项新的政策出台，对全社会将产生巨大的导向力量。

20世纪80年代，政府主导全国的经济体制改革并着力建设深圳特区，国内立即出现了“下海潮”和“深圳热”。

20世纪末，国家主导开发大西部，全国迅速出现大批企业家迎难而上，奔赴西部甩开膀子去创业。

在我国当代城镇化建设事业中，一旦政府主导企业转移农村搭建舞台，必然赢得广大企业家以及社会各界的广泛参与。

当今中国，无论是企业界还是社会各界人士，他们向来关注政府导向的那份荣耀。因为这种导向，是代表人民利益的导向，代表中华民族发展战略的导向。响应这种导向，是荣耀、更是责任！有幸赶上时机参与，都会感到自豪和骄傲！他们的到来和主战，将为城镇化建设创造出光辉灿烂的明天！

2. 政府投入已使全国人民坚定了城镇化建设信心

改革开放以来，政府对农村的投入逐年都在加大，并向各个领域扩展。

尤其近些年，中央政府为农村免除农业税，为农村计划生育人口建立奖励扶助制度，以及医保、各类粮农补贴，足以让农民终身感动，让世界友人震撼，让全国人民乃至世界华人欢欣鼓舞。

经过30余年改革开放，我国已有了强大的物质基础。不仅中央财政具有雄厚的实力，而且地方财政也出现良好势头。这是城镇化建设最基础的保证。21世纪的今天发起城镇化建设，在经济上不会有太多的压力。

历史上，国家对城市的公共设施投入，除了对城市道路、办公场地、住房、医院、商店、学校等主体设施外，还对城市绿化、公园、剧院等配套设施给予了必要的投入。

在我国的农村城镇化建设中，建议国家在加大农村的投入中，为农村确立的“中心镇”增设与城市相等的公益配套设施投入。让“中心镇”的建设与城市的格调相接近，成为最适合人居的秀丽景观区。

3. 信贷和税率调控将成为企业转移的内在动力

信贷和税收，是国家宏观导向和调整社会事业发展方向的有效手段。采用信贷和税收调控手段，鼓励企业向乡镇转移，既体现了党和政府重视农村发展所采取的重大战略，又体现了政府对支农企业的体贴关怀。

我们国家在改革开放初期，科学利用信贷和税收手段，对外商来华合资或独资开办企业实施免税或减税政策，有力地调动了外商来华投资建业的积极性，引进了大批国外资金投入了我国的现代化建设。

在解决我国农村发展动力的举措中，2006 年中央宣布全国免除农业税，不仅大大调动了农民的积极性，而且在国际上产生了重大影响。

近些年，全国各地在开发特殊产业中，利用税收杠杆为手段，发挥了十分有效的作用。

江苏省东海县为返乡农民工提供了 3 年免税加 5 年税额减半的优惠政策。截至 2008 年上半年，已有 2 万多农民工返乡创业，成立了13000多家农业、建筑材料、机械、硅加工等相关企业。①

《中共中央关于推进农村改革发展若干重大问题的决定》（简称《决定》）中指出：“综合运用财税杠杆和货币政策工具，定向实行税

① ［美］约翰·奈斯比特，［德］多丽丝·奈斯比特：《中国大趋势》，吉林出版集团 2009 年版，第 172 页。

收减免和费用补贴，引导更多信贷资金和社会资金投向农村”。[①]

中央的《决定》充分表明了财税杠杆和货币政策等手段，将成为推动城镇化建设的强大动力。

的确，在农村城镇化建设这场伟大战役中，科学发挥财税和信贷的调控作用至关重要。

建议政府对参与战略转移落户乡村的企业和乡村新办的企业，实施相应时间的免税和适当时期的减税，从政策上确保转移到广大农村参与城镇化建设的企业获得良好效益。尤其是边远山区的企业，更需要政府给予特殊照顾，以确保企业落户乡村城镇化后的健康发展。

四 外部环境有利于农村迎接企业实现战略转移

改革开放几十年来，国人就已深深感受到中国社会已步入了一个特殊变革时期。理由很简单，因为在中国，我们党想办的事还没有办不成的先例。

历史上任何一次大的变革，开始总是会有一些不同看法。中国农村的路子怎么走同样会有不同观点。但我们坚信提出康复农村“造血功能”的模式，是符合客观现实的，是一条必由之路。

在党中央国务院的高度重视和引导下，这一推进城乡和谐发展的变革，将使21世纪的中国发生举世瞩目的历史性变化，时代孕育的这场伟大变革已到千钧一发之际，八个方面的有利条件已为这场变革铺平了阔步前进的道路。思考当今中国的外部环境，也已到了解决农村问题的最佳时机。

---

① 《中共中央关于推进农村改革发展若干重大问题的决定》，《人民日报》，2008年10月20日。

1. 社会形成了高度统一认识的良好氛围

全国各阶层、社会各界对农村城镇化建设早已达成共识。在我国各大中城市居民中，无不希望农村尽快改变局面。这些年，城市中不少人对农村贫困人口，特别是对农村学生和孩子的救助，足以说明城市中的人们早已希望农村与城市融为一体，早日见到城市和农村同步进入小康。

2. 国外经验为我们提供了很好启示

美国、日本、法国、德国、英国等农村发展的道路和现状，特别是韩国的新村运动，他们的决心，他们的方式，他们的投入，他们的速度等，都为我们农村城镇化建设提供了诸多启发和参考。虽然我们绝不可重复他们的模式，因为他们农村人口较少，而我们却是农村人口占多数的人口大国，但他们的决心和力度以及某些方法和措施非常值得我们借鉴。

3. 国际环境有利于我们彻底解决农村问题

60年前，我国还是一个一穷二白的国家。60年后的今天，中华民族却以繁荣昌盛的态势屹立于世界强国之林，在国际上树立了良好的形象。20世纪80年代以来，国际粮农组织、世界上一些公益事业组织已对我国过去的贫困乡村做了不少工作和提供了相应的援助。今天，国际上对我国新农村建设十分支持和关注，国际友好组织和朋友都希望中国尽快消除农村最后的贫困层面，彻底改变落后乡村面貌，实现城乡一体化发展。

4. 世界华人将共同关注我国城镇化建设

随着中华民族国际地位的不断提升，广大华人无不感到扬眉吐气。目睹中国展开城镇化建设，华人无不为之欢欣鼓舞。为了祖国，为了农民同胞，他们一定不惜在资金上、技术上、道义上伸出友谊援助之手，支持或参与中国的城镇化建设。为祖国尽快消灭城乡差别，创建更加富裕强大的民族而作出努力。

商人就是以商业为乐趣，企业就是以赢利为目的。哪里能使他们获得最大效益，哪里就是他的首选之地。何况广大企业家对解决农村问题还做好了道义和历史责任方面的充分准备。如果我们在广大农村为企业做好了一个十分优越的赢利模式，必然会引动千千万万企业落户乡村，这就等于国家拿钱在农村投资办起了千万家企业，为农民培植了永久性的“造血功能”机制，最终为农村发展找到了一条根本出路。

五　由地方政府营造六大优势迎接“企业战略转移”

（1）实现经营生产条件与城市基本没有区别。

（2）经营管理由政府规范，做到没有相关部门干预企业经营。

（3）通过信贷和税收调控使企业经营效益不低于大中城市。

（4）实现生活环境与大中城市同样优越。

（5）发展空间比大中城市更为广阔。

（6）支持新农村建设有一份光荣。除了能获得相应效益，更重要的是在改变中国企业布局版图的伟大战役中贡献了自己一分力量，将是参与者人生中的骄傲和自豪。建议政府给转移乡村城镇化落户的企业颁发荣誉证书。

上述六大优势，将在“企业战略转移”中产生巨大的导向作用。

农村是中国真正的大后方。这个模式推开之后，预计可能只需8～10年，全国农村不仅不需要国家补助或“输血”，也许全国中心镇的企业将成为国家的纳税大户。因为到那时，中心镇的企业可能已如繁星普及，农村除了需要极少数人从事农业外，农村绝大多数人都已转变成城镇工人，自然他们都成为纳税人，这是真正意义上

的减少农民。

到那时回头再看，人们都会深深感叹：这是党的英明，这是国策伟大，这是爱的转换，这是情的互动，今天全国支持乡村，明天乡村支撑中国。党和国家新的决策改变中国历史的进程，改变中国社会的发展方向，同时也是当代每一个中国人的重要社会价值体现！

如果我们不在运营模式上作出重大突破，不抉择一条特殊的发展道路，仅凭热情和激情，呼吁减少农民，那是没有实际意义的。就算我们强烈呼吁政府把大中城市城门全部敞开，让大批农民随意出入城市，同样没有实际意义。因为城市有限的接纳能力已注定了容纳不了几亿农民的搬迁。何况城市并不是人类居住最理想的环境，大批农民盲目涌入城市，不仅解决不了城乡二元结构矛盾，而且只会造成更多新的社会问题。

“企业战略转移”建议优先考虑“十个方面”

广大企业落户乡村，必然有个“先飞之雁”。在城市特别是大城市企业中，可以考虑领先推动十大类别的企业向乡镇转移：

(1) 凡投资新建农产品加工企业，一律办在乡（镇）的地盘上。

(2) 凡投资新建涉农企业，包括农用车和其他农用机械企业、农用化肥、农药以及其他农用物资企业，一律办在乡（镇）土地上。

(3) 凡投资新建劳动密集型企业，不管属于哪类企业，一律办在乡（镇）土地上。

(4) 创造条件，鼓励国内外投资在中国乡镇土地上兴办与农业相关或相近的各类企业。

(5) 动员大中城市现有劳动密集型企业迁往乡（镇）落户。

(6) 动员大中城市现有涉农企业迁往乡（镇）落户。

(7) 鼓励大中城市的其他企业去乡（镇）设立分厂，特别是开设零部件配套分厂。

（8）鼓励和支持乡（镇）选择当地特色资源，联合商人办企业。

（9）鼓励外出务工积累了部分资金和获得一定经营经验的农民工，特别是在城市已开办企业的当地农民回乡创业办企业。

（10）鼓励和邀请当地的华侨和原籍是本地、已在国内外经营大产业的商人回到故乡办企业。

全国十个方面的企业共同奋力于乡镇搭建舞台，将为我国城镇化建设开创出崭新的发展势头。

六　企业进行战略转移具有“八大优越性”

全国大中城市企业基地大转移，不仅是世界发展史上一个前所未有的奇迹，闪烁出时代最灿烂的光辉，同时还会传为人类社会生活中的永久性佳话。这一历史性巨变，将给中国社会发展带来八大优越性。

1. 给全国大中城市减压

这些年，广大农村剩余劳动力向城市转移，已给城市特别是北京、上海、广州等几座大城市的管理、环境、治安、就业、生活等诸多方面造成了一定的压力。虽然各大城市的政府部门积极努力解决了不少问题，但由于大批农民工涌入城市，使城市的人口超常规的猛增，大大超出了城市已有的承受能力。不少农民整家人搬入城市，甚至带上了七大姑八大姨，租几间小平房，整几个箱子和几个塑料蛇皮袋，找到工作的，没找到工作的，上班的，不上班的，全凑在一块，把屋子里挤得满满的，典型的流浪者生活。把城市的某些角落弄成了比农村还要农村的境况，让人目视深感遗憾。

北京朝阳区呼家楼院内的老式楼房中，曾经有一套房租给了一家打工户。这家人带上亲友 8 个人挤在两间不到 30 平方米的房屋里。成员中有卖肉的，有送货的，有打扫卫生的，有带小孩的，还有无业的。卖肉的深夜叮叮当当砍个不停，影响邻居休息，送货者穿个裤衩光着膀子大摇大摆冲进冲出，与国际大都市的居民形象形成了令人发愣的极大反差。

尤其每到就餐时间，所有成员全归屋里，一旦遇上开心事，敞开嗓门开怀大笑，如长江浪涛滚滚翻出门外，震撼半座大楼；一旦遇上矛盾，争吵声，骂架声更是一浪高过一浪，让周边邻里深感不满和无奈。

2009年10月31日北京电视台财经频道报道，小南庄的某社区内，一间67平方米的房子住了十多名打工仔，多数是饭店员工，晚上下班很晚，回到屋里洗洗擦擦，楼下住户却不得安宁。

这种状况在北京的不少地方都存在，周边居民不得不思考或发问：农民工的这种转移方式，是解决农村问题的基本出路吗？他们能很快变成北京市人或其他城市的正式居民吗？

更有甚者，在家想入非非，进城失望而归。归前身无分文，临时拿个主意，怎么也得弄个路费，出手难免被人抓住。有的进城见人家花天酒地，心理极不平衡，干脆干上偷扒抢劫。这种状况一方面严重扰乱了城市社会治安，给管理部门增加了巨大的工作量；另一方面这些人在家乡本来也是守法公民，可来到城市却无奈变成了罪犯，有害一些年轻人的健康成长。

显然，这条路子是不现实的，既打乱了城市有序的生活，又无法解决农民的身份。虽然绝大部分农民务工人员来到城市遵纪守法，艰辛创业，勤奋劳动，为城市的建设作出了巨大的贡献，立下了不可磨灭的功绩，但他们仍然只是城市的建设者，很多条件和因素的局限使之很难转换身份成为城市居民，终究还是流动大军，到时叶落仍要归根。只有全国部分企业基地转移到了乡（镇），才能实现既让农民就地安居乐业和劳动致富，又为大中城市减轻负担，使城市生活恢复正常秩序。

2. 给各级政府减压

自从党中央、国务院宣布在全国取消农业税以来，中央财政和各级政府逐年都在加大对农村的投入。各种补贴名目繁多，产业辅助不断增加，使广大农民进入了一个历史发展最受社会关注和政府恩惠的时期。

然而，因为我国幅员广大，农村人口众多，政府拿出了如此之大的财力支持农村发展，可还是满足不了 9 亿农民解困现状的客观需要。真可谓农村就像一片无底的海洋，任凭你将牛奶成批倒入却看不到太大的反应。由此，我们必须寻找新的发展道路，不能让政府长期承受如此沉重的负担。企业向农村转移，健全农村的“造血功能”，广大农民工就地安居乐业，并拥有劳动致富的新型舞台，自然不再需要国家连年累月“奶娘式”的扶助，从根本上减轻党和政府肩上的沉重负担，使广大农民依靠自己的双手和勤劳，真正走上长久稳定的富裕生活道路。

3. 增强农村“造血功能”

城市大批企业基地向“中心镇”转移，最核心的意义就在于直接增强农村的“造血功能”，托起一轮乡村太阳。

多年来，我国农村发展的主要困惑，就在于“造血功能”较弱，难以满足现代农村发展的需要。

从宏观上解决中国农村的问题，唯一就是设法康复农村的“造血功能”，让广大农村通过自身的造血，达到一定的生活质量。这一方式的确立，将成为农村社会发展的永久性丰碑。

4. 实现农民安居乐业

人民安居乐业，是一个社会进步和谐的表现，也是国家繁荣昌盛的表现。在我国快速发展的今天，广大农民安居乐业，是全国人民的共同愿望，也是全党的殷切期望。

改革开放以来，我国农村彻底打破了过去计划经济时代把广大农民固守在土地上的做法。大批农民军挺进城市，一时间给封闭多年的农村带来了新的活力。随着改革的深入发展以及城市用工模式化不断增大，农民工离乡务工成为一种新的时尚。然而这种时尚，只考虑了用工，没有考虑用工对象的生活因素，与过去城市企业去乡村招工有着本质的区别。因此，农民工来到城市成为一支名副其实的流动大军。这种用工模式，农民工永远没有安居乐业的感觉。无论走入哪个城市，聘入哪个单位，永远没有安定的心态。也可能企业觉得你不适合做这份工作今天就炒了你的鱿鱼，也可能自己觉得不合适这份工作，明天就离开了这个单位，根本无法稳定职业，更难融入城市。

而部分企业基地转移到“中心镇”，农民工实现就近就业，首先的优势就是离家较近，无论工作单位怎么变动，自己的家不会变动，永远有一个稳固的后方，一个永远属于自己的家，是有家可归的安全劳动者。避免了外出打工造成情感长期分离，家人难以照料，精神生活空虚，社会关系淡漠等现实问题。

就凭这一点，企业战略转移这一抉择，将使亿万农民工由此得以安居乐业，开始全新的人生旅程，这是一件利国利民，功在千秋的伟大壮举，是一项划时代意义的丰碑事业。

5. 建立城乡协调发展体系

提出城乡协调发展，是党和政府的重大举措，也是全国人民共同的良好愿望。

然而，城乡协调不是一句简单的口号，其深刻内涵体现在经济的同步发展，人民生活水平的同步增长，人们综合素质的同步提高，城乡生态环境的同步优化等诸多方面。

实现这些内容的同步，首先是必须实现经济发展的同步。在现阶段广大农村的现实生活状况，要实现城乡经济同步发展，必须在广大农村创建经济快速增长的生产舞台。因此，部分企业转移到乡村，为农村搭建经济运营永久舞台，是加速农村发展、创造和谐社会的关键举措，是打造和谐城乡的核心主体。在中华民族现代发展史上，企业的转移将在主导城乡和谐发展的史册上记下光辉的一页。

6. 提高全国人民的生活品位

根据近些年人们的生活状况分析，由于散居于广大乡村的亿万农民工同时涌入本来人口密集的大中城市，使城市出现了人口过于稠密、居住环境拥挤、交通不畅和堵塞、社会治安混乱等诸多情况。

一旦部分企业往乡村转移，亿万农民工可以就近找到工作，以前外出打工生涯中所带来的一切困惑，包括夫妻情感分离、亲人离家的牵挂、在外居住环境的落差、流浪生涯的生活困难、子女教育的困惑等等，都会一扫而光，不再呈现。当地就业必然有条件安居，使之过上正常家庭生活，提高广大农民的生活品质。与此同时，由于亿万农民工就地安置，使大中城市恢复正常生活秩序，大大减轻城市压力，生活环境同时得到良好改善，城市居民的生活质量自然得到相应提高。这一必然变化，充分说明了企业向乡镇战略转移，在提高人民生活品质上，是一项双赢的战略。这一战略的实施，将给城乡上下乃至全国人民带来全新的生活气象。就凭这一点，就充分体现了部分企业战略转移的重大现实意义和特殊的社会价值。

7. 降低社会生活成本

任何一个单位或一个地区乃至一个国家，人口大流动必然承受大成本，这是不以人的意志为转移的客观规律，也是无法回避的客观事实。

20 世纪 80 年代末，我国随着改革开放的大举推进，迅速出现的农民大军成批入城带来了社会生活中三大成本的快速攀升。

(1) 政府管理成本的快速增长。主要表现在公安队伍的成倍增加，社会治安和民事纠纷的事故处理成本高出改革开放前五六十倍，甚至近百倍。

(2) 工商、城管等一些职能部门的人员倍增，管理成本也快速增加。

(3) 政府投入公共设施的成本猛增。为了缓解城市市区的交通压力，政府投入工交、道路改造等基础设施的建设资金数量之大，而且逐年都在增加。然而，这种昂贵的大投入其效果并不理想。城市人口的增长速度远远超出基础设施建设的速度。

这一切都与人口大流动直接相关。一旦企业战略转移解决人口大流动的弊端，城市的管理成本立刻会降低，城市生活也会步入正常的运营状态。

8. 提前实现城镇化建设目标

社会生活中，任何事物的发展都要依赖一定的条件。中国的城镇化建设也不例外，必须具备其发展的必要条件。这个必要条件就是在广大农村的土地上搭起亿万农民大军主战的舞台。只有把战场设在农村，在农村迅速拉开热火朝天的城镇化建设局面，才能真真实实快速推进城镇化建设。否则，难免延误城镇化建设的大好时机，以至成为新世纪全国人民心中最强烈的遗憾。

综述表明，当前的首要任务就是抉择企业战略转移，让千千万万的企业家积极投入农村这项伟大的事业，争分夺秒地推进这项事业，把我国的城镇化建设推向一个崭新的阶段。力争 1 年打基础，2 年出成效，3 年大变样，8～10 年实现中央殷切期望的中国城镇化建设目标要求的卓越蓝图。并在不久的将来，庄严地向世界大声宣告，中华人民共和国 13 亿人民同步进入了小康！

第六章 “城市内优外特”模式

《中共中央关于推进农村改革发展若干重大问题的决定》中指出：“坚持走中国特色城镇化道路，发挥好大中城市对农村的辐射带动作用”。[①]

这一精神，让我们在落实中央关于机制体制创新方面广开了思路。

本来，研究农村城镇化建设来说城市，似乎有点文不对题。但在这里，我们有充足的理由必须探讨城市发展方式。因为先进的城市和落后的农村有着千丝万缕的联系，特别是农村需要城市的帮助。

我国30余年的改革，最显赫的功绩就在于大中城市的快速发展，基本达到了国际化先进水平。尤其是北京、上海、广州等一些特大城市，也是国际交流最多的几大窗口，其建筑风格和浩大宏伟所显示出来的现代化气势，得到了世界各国友人的赞赏。

我国城市的快速发展，对改变中国闭关自守的落后面貌，对提高中华民族的国际地位，起到了至关重要的历史性作用，这是每一个中华儿女的骄傲。然而，由于城市发展向来没有规模标准。这些年，各个城市都在竭力整合社会资源，大刀阔斧地向外拓展，短短30年间，绝大多数城市的城区面积都扩展到原有面积10倍左右，多的已过20倍。

---

① 《中共中央关于推进农村改革发展若干重大问题的决定》，《人民日报》，2008年10月20日。

我国的地级以上城市，尤其是南方和一些发达地区的地级以上城市，其地域面积基本都达到了一定规模。从目前各地大中城市发展的情况看，其城市交通堵塞和房价高涨给城市和居民生活带来的压力和问题都普遍存在，迫切需要社会管理者从战略上作出调整，以缓解矛盾的继续恶化。

一　遵循科学发展观　城市发展规划应有参照标准

城市肯定应有规模面积界限，不可能无终止地向外扩张。当城市的城区面积发展到给人们生活带来困惑的时候，客观上已要求我们理性的寻找新的发展思路了。但城市到底以多大规模面积合适，其依据是什么？目前，北京国际城市研究院连玉明院长已提出，当城市规模在100万～400万人口时，城市规模的净收益为最大值。但迄今为止尚未见到其他定论式说法，有待专业研究部门作出探讨。

(1) 任何事物的发展，都会具有自身的客观规律，一旦超越自身规律肯定就会出现问题。如小轿车为什么设计3米长2米宽左右，是因为这种规格方便快捷，适合三五个人活动使用。如果再大一倍就失去这种工具的优点和特征了。家庭每间住房为什么设计空间高度2.8米左右，每间住房面积15～20平方米左右，如果每间住房设计6～10米高的空间，100多平方米大的面积，冬天取暖、夏天降温以及环境卫生都会成问题，生活也不方便。大公交为什么长度一般10米左右，交通拥挤干吗不设计50～100米长的大公交车？是因为超出一定的长度，反而行驶缓慢，占路面大更容易堵塞交通，等等。

城市发展也不例外，应该具有其自身的内在规律，这个规律将对城市的规模大小、人口密度、运行机制、功能要素等起着直接的制约作用。

(2) 当城市发展规模的无限扩大影响到正常的交通秩序，过多占用市民上下班乘车时间，以及造成市民生活成本增高，导致生活压力加大、生活质量下降的时候，这个城市的发展方向就应该尽快考虑作出调整了，千万不能等待城区面积大到交通难以正常行使的困局再来采取措施，那时将给城市生活运行造成巨大损失，给市民造成更大的生活压力。

(3) 可以肯定，城市与小轿车、大客车、个人住房等都一样，绝对不会是越大越好。我国的城市快速发展，主要在近 20 多年间。过去关于城市的发展没有积累太多的经验。因此，任何一个城市处在什么位置，周边环境如何，对城市的发展方向如何定位，城区面积多大合适等等，基本都处在探索阶段。一旦出现难以定论的问题，建议政府应适时组织相关专家研讨，避免造成历史性遗憾。这是一件向历史负责、向社会负责、向人民负责、向国家和民族负责的功在千秋的大事。

评价一座城市是否最有魅力，无疑涉及诸多要素，其主要方面包括：人口密度适当，道路行车通畅；经济稳步增长，环境整洁优美；空气质量为优，生活舒适方便；居民素质文明，社会秩序良好。

这些基本要素，对每一个生活在城市里的人都是至关重要的。任何一座城市只要能达到这些基本要素，这座城市的居民就能享受高质量的生活。如果城市发展到一定规模，即将影响到基本要素的状况时，客观上必然要求寻找新的发展思路。

用“以人为本”的思想和“科学发展观”来探讨城市的规模，更不应是以大为荣，而是以城市生活和谐运转为耀。

二 “城市内优外特”的重点是跨区域创建“援助特区”

目前，我国大中城市，特别是北京、上海、广州等几个特大城市，由于具有特殊的区域优势和政治、经济、文化、环境等诸多优势，国内外一些实力雄厚的商家基本都落户在这些大城市。但由于大中城市现有城区的局限，使这些城市出现资源过剩，具有释放生产能力的强烈要求，因此，在发展中必然要从战略上寻找新的突破口。向外跨越区域创建“援助特区”，应该是现代城市发展中一个有效的创新发展模式。本文对城市发展“援助特区”提出三条建议。

1. 建议远距离寻找发展空间

为充分体现出现代大中城市的发展优势和对城镇化建设的推动作用，特别是在贯彻中央关于“以城带乡”、“城乡统筹”的重大决策中探索出新的实施机制，我们在寻找大中城市的发展空间时，可采取突破现有行政区划体制局限，选择远距离比较贫困的区域，特别是西部地区，作为城市跨越发展“援助特区”。

从长远角度看，也应该寻找远距离空间，如果向外发展的地域离大城市太近，经过多年发展后，容易造成与大城市连接，一旦近距离特区与大城市连片，那会出现更糟糕的局面。

2. “援助特区”面积

建议城市在选择发展“援助特区”时，可以县或地区为“援助特区”区域。大中城市根据各自城市的资源优势和管理运营能力，可确立几个县或1个地区作为跨越发展“援助特区”。

这里我们首先需要在观念上达成一致。在中华人民共和国960万平方公里的土地上，只有行政区划的界线，没有发展本质上的界线，我们每一个人都是中华人民共和国的公民，每一寸土地都是中华人民共和国的国土，我们每一位公务员都是中华人民共和国的公务员。各省的资源也一样，既是地方资源，也是国家的资源。因此，在经济发展上出现了滞后地区，我们的先进地区伸出援助之手是社会主义国家的优越性所在，是国家统一，社会和谐发展的重要体现。

三　先进城市与经济滞后地区优势互补实现双赢

由于地域原因和历史原因，我国的城市发展已基本与发达国家相接近。而我国的偏远地区，特别是一些偏远山区与先进城市相比却存在较大的差距。

1. 经济滞后地区的现状

客观地分析边远地区，普遍存在的问题表现在：

（1）经济滞后地区一般在交通、电力、通信等基础设施方面发展比较缓慢。近些年，由于国家加大了对滞后地区的投入，虽然基础设施得到了较大改善，但相对先进的城市仍有一定距离。

（2）人们的观念相对先进城市也存在一定差距。

（3）科技人才相对先进城市也显现欠缺。

（4）发展经济缺少发展资金来源和后劲。

（5）生产手段比较传统，其产品在市场经济中缺乏竞争优势。

2. 先进城市的优势

改革开放 30 年来，在党中央、国务院的正确领导下，我国的城市，特别是大中城市在改革浪潮的推动下，得到了快速的发展。目前城市的优势突出表现在六个方面：

（1）聚集了一流的社会资源。近些年，全国乃至世界的部分优秀企业家在我国改革开放的大政策吸引下，基本都落户在我国大中城市，使城市赢得了快速发展的强大后劲。

(2) 大中城市的地理优势使国家的一、二流高等学校和科研院所基本集中在这些城市，大批科研专家和学者为城市的发展提供了强大的科技力量支撑。

(3) 由于历史的原因和社会的投入，城市的基础设施基本达到了国际先进水平，尤其是大中城市的基础建设已接近世界发达国家的状况。

(4) 城市拥有先进管理手段。由于城市的地域优势和国际交流优势，以及信息传递优势，使得当今城市，特别是大中城市获得了国际最先进的管理手段。

(5) 城市居民拥有先进的思想观念。由于城市特别是大中城市居民能够在第一时间获得国内国际最前沿的信息，所以，城市居民的思想观念比较超前。

(6) 城市社会的管理者由于具有与外界交往特别是与国际交往的优势，使得他们的社会阅历和见识以及思考问题的方式比较超前，这一优势对管理社会具有十分积极的意义。

3. 先进城市和经济滞后地区相融形成优势互补

近些年来，党中央、国务院特别重视先进城市对滞后地区的支持和带动作用。从双方的客观现实分析，先进城市和经济滞后地区有着天然的相融基础和互补优势。

(1) 城市的六大优势正是滞后地区多年困惑和所需求的社会资源。

(2) 城市的快速发展已使有限面积的城区出现了资源过剩，需要寻找新的发展空间。

(3) 滞后地区虽然缺少发展动力，但却具有相当的待开发资源，包括矿产资源、地方特产资源、特色旅游资源等。这些资源优势，需要寻找合作开发伙伴。

（4）在国家的宏观政策指导下，通过双方政府的相互协调和友好协商，确定城市发展“援助特区”，充分发挥城市资源优势对外辐射的特殊作用，在拓宽先进城市发展空间和支持滞后地区快速发展方面将起到巨大的推动作用，是贯彻落实党中央、国务院关于“城乡统筹”、“以城带乡”重大决策的重要举措，具有划时代的特殊意义。

四 “援助特区”的管理方式

为有利于工作，根据参与城市和当地省委、省政府双方的意愿，在管理上可考虑两种方式。

1. 联合管理方式

（1）参与城市与当地省委省政府合作，共同创建“援助特区”，并建立“援助特区”联合经营管理机构。其“援助特区”的人、财、物等一切事宜，由“特区”参与城市和当地省委、省政府共商制订出管理办法。

（2）原则上共同开发，利益共享。

（3）参与城市主要提供技术装备、开发资金、发展战略、管理模式、科技人才、管理人才，以及相应的领导人才。

（4）当地政府主要提供土地资源、基础设施、人力资源、水利资源以及能源和社会保障体系，给予支持和配合。

（5）根据双方协调达成一致意见后，形成正式决议。以实现参与城市资源得到有效疏导和科学利用；滞后地区赢得发展机遇，双方共同努力，快速改变滞后地区面貌。

（6）建议经营“援助特区”应有相对合适的年限。为确保“援助特区”在参与城市的帮助下，迅速改变面貌，并稳定向前发展，城市“援助特区”的年限，可考虑签订20年以上，并更名为某市某特区。假设北京市与甘肃省商定将甘肃的定西地区确定为北京市跨越发展“援助特区”，可更名为“北京市定西特区”。20年后根据双方意愿可续签，也可更换新的“援助特区”地域，以便城市资源的良性运营。

2. 单一管理方式

这种模式完全由参与城市单方管理。

（1）“援助特区”年限可参照第一种模式实施。

（2）交接手续签订后，“援助特区”的人、财、物等事宜应与当地政府脱钩，全由“援助特区”的参与城市负责管理。

（3）建议参与城市在调动财力、物力、人力发展“援助特区”经济的同时，特别应挑选大批优秀干部，尤其是优秀领导干部派往“援助特区”工作。

（4）建议参与城市在号召企业和商界投入“援助特区”建设的同时，还应从医务部门、教育部门，尤其是科技部门动员和选择优秀人才支持“援助特区”建设。

（5）“援助特区”参与城市，须在提供资金、技术、装备、管理、创意、策划等方面作全面统筹安排。当地政府应提供资源、能源、人力、基础设施、社会保障等，以确保大城市资源得到科学利用，为“援助特区”赢得可贵的发展机遇。

总之，大中城市和经济滞后地区在党中央、国务院的政策指导下，在双方共商的基础上，不管采取哪种方式发展“援助特区”，建议应把跨越发展“援助特区”的区域完全当作参与城市的一部分来经营。利用城市的诸多优势改变“援助特区”面貌，以“援助特区”模式调动城市可能调动的资源优势，实实在在为城镇化建设探索一条切实可行的城乡统筹之路。

五 大中城市实行双向发展战略的八个显赫优点

由于拥挤的城市找到了释放生产能量的广阔空间，经济滞后地区赢得了千载难逢的发展机遇，自然会形成城乡协调发展的绝对优势，显示出双向发展的显赫优点。

1. 为城市找到了新的发展方向

首先解决了城市“摊煎饼”式扩展的单一发展模式，创新了城市长远发展的广阔空间。为大中城市，特别是特大城市解除了发展中的困惑。我们可以肯定，任何一座城市，停止向外扩展只是迟早的事，因为当扩展到没有地方可扩的时候总会要划个句号。但世界上凡是通过人去做的事都应该根据有利于人类自身生存发展的需要而受到人的调控。

由此城市的规模必须应用科学发展观进行指导，充分考虑以人为本的根本要素。人的时间利用、人的生活质量、人的生活成本、人的有效生命价值体现，是城市发展必须考虑的核心问题之一。城市发展适合为优，适可而止，这是社会管理者的重要责任。

2. 避免市内交通问题恶化

城市有了新的扩展空间，可以停止或放慢城边的再扩张，避免市内交通因扩大城区而加重新的负荷和压力。

决定城市马路车流量密度的因素很多，如商贸活动发达的城区，车流量自然增多；经济富裕的城区，居民普遍购有私家车；国家机关集中的城区，公配轿车必然数量多。

再说房屋建筑间隔距离稀密、楼层高低都对人口密度有着直接关系。人口稠密度又与同等城区面积的车辆数有着直接关系。还有一个更重要的因素，那就是城区面积，在房屋建筑距离和楼层高低相等的情况下，城区面积扩大一倍，就意味着容纳人口的能力增加了一倍，马路上的车流量就会同样增加许多，甚至增加一倍。

由此可见，在现代化城市条件下，城区面积越大，车流量就会越密，所以无限扩大城区范围，是造成城市公共资源紧张、环境难于优化、交通堵塞的主要原因之一。城市跨越式发展，完全克服了这一弊端。

3. 城市的跨越式发展对城市本身的环境就是优化

特别是大城市实施发展战略转移，少在城市扩张一圈，城市就多一圈绿色，少一圈污染源，市民就与大自然走近一步，市内就增加一份优化空气质量的有利条件。

《中共中央关于推进农村改革发展若干重大问题的决定》中指出："统筹城乡产业发展，引导城市资金、技术、人才、管理等生产要素向农村流动"。①

这一决策精神，充分说明城市"援助特区"战略是城乡协调发展的有效方式。

城市周边的地段改变营造成绿色景区或特色田园风光，就等于为广大市民创造了一片舒心洁肺的大氧吧，并实实在在为广大市民长期降低了节假日远距离接触大自然的出行成本，真是功在千秋的大好事。

4. 从长远看大中城市双向发展将是必由之路

当社会发展到一定的文明程度，人类自然就会严格要求一切社会活动和生活环境以有利于社会和谐和人类自身健康的需要为前提。所以，城市内部优化和跨越式发展应该是大中城市长远发展的方向。

---

① 《中共中央关于推进农村改革发展若干重大问题的决定》，《人民日报》，2008年10月20日。

人类历史进入一个高度文明的社会状态后，城市为了充分展示自身最适合人居、最具有魅力的环境，必然要适当控制城市发展规模，到那时就不会轻易去扩大城区面积而加重自身运转的负荷量了。

其次，也可换位思考。假设城市如同温州，三面环山，一面临海，上苍已注定地盘面积，再假设城市就是个小小“国家”，四周都是邻国土地等等，那么同样要发展，其发展到一定时候，当生产力资源出现过剩，必须寻找新的出路。

跳出本土，跨越到外埠寻找发展空间，应该是一条行之有效的发展道路，是一项充分发挥资源效应的重要战略。如今的温州，大批老板早已转移到全国各地开辟战场，甚至远渡重洋，去国外发展，只是没有以政府名义统一选择一个区域罢了。

5. 目前城市内部优化发展潜力巨大

从我国大中城市的发展现状看，涉及城区道路优化，交通管理优化、城市环境优化、城区房屋改建、市民的生活质量优化、企业宏观管理优化、行政管理优化、公共服务优化等等，仍有很大潜力可挖。实现城市基础设施好、市民素质高、服务质量好、办事效率高、经营秩序好、产出效益佳、生活环境美、社会风气良的城市新面貌，还须作出巨大的努力。

城市发展重心调整，推行跨越发展“援助特区”，对优化城市结构、提升城市品位、降低市民生活成本、实现城市良性发展，必将起到十分重要的作用。

6. 免除了市民的后顾之忧

近些年，与北京市民的数百次交谈中，深深感到市民们对北京城市的过大外扩担忧甚多。因为城市扩大1平方公里，就要增加一批人居住，同时也就增加一批轿车在市内的马路上行使。

北京市扩大一圈，就给市区再增加一次车流量密度。早在2003

年，《北京晚报》就发表文章“小心汽车城成了停车城”。如果不改变发展方向，再过八年十年，“停车城”的说法恐怕在北京的上下班时间段真会变为现实。

尽管近年来加大了地铁建设，但城铁便利也不能通往各个单位门口，还得与路面接轨。由此带来的个人出行成本问题、有效生命时间浪费问题等都会更加严峻。

因此，一旦能把城市扩张计划转入外埠，不仅将为城市居民生活减轻相应的压力，而且也为政府优化城市管理和优化城区环境增加诸多有利因素。

7. 城市“援助特区”是“以城带乡”的重大突破

城市“特区”模式，重点辅助经济发展滞后的农村，创建和解决了我国“城乡统筹，以城带乡”的操作机制。

可以肯定，全国被选“援助特区”将获得一次千载难逢的发展机会，并成为21世纪我国城镇化建设中的一个显赫亮点。这一社会经营模式创新，将对“援助特区”的发展起到巨大的推动作用。同时，将在中华民族的发展史上留下深深的记忆，甚至成为当今世界流传的佳话，并为世界各国大中城市发展提供参考。

8. 给相对落后的区域带去经济发展的强大动力

这一社会经营模式创新，从根本上解决了我国经济发展受到行政区划制约的问题，从而克服了城市发展空间狭小的屏障，使城市充足的资源得到更有效的利用和发挥。

同时又为落后的乡村赢得了强大的发展动力，将对中国城镇化建设起到重要的实质性推进作用，充分体现出社会主义国家具有调整社会资源能量的巨大威力。

六 北京、上海、广州等特大型城市已具备的绝对优势能引领中国城市实现“援助特区”战略

从全国特大城市现有资源状况分析，预计北京、上海、广州等特大城市都拥有引领50个左右贫困县快速发展的能力！

根据近些年北京、上海、广州等特大城市的发展状况预测，无论从领导能力上，还是资源配置上，每个城市跨越发展50个左右县级“援助特区”应该是可以办得到的。

1. 北京、上海、广州等特大型城市具有太多的特殊性

这里以北京为例作个分析。

在中国的所有城市中，唯有北京不同于任何一座城市。

首先北京是党中央、国务院的所在地；

其二是中央各部委的所在地；

其三是中央各大媒体所在地；

其四是国家各大科研机构所在地；

其五是中央各大企业总部所在地；

其六是拥有国家数十所高等学府；

其七是国内各省市大批已有相当积蓄的人士汇聚北京；

其八是世界各国大批商家看好北京的发展潜力；

其九是北京已有了强大的产业群；

其十是高层专家聚居北京。

北京的十大特殊性或优势，决定了这座城市承担了特殊的社会责任，同时也具备了特殊的社会资源。

正因为如此，北京的发展很有必要考虑北京的特殊地位。抛开行政区划的局限，北京就是中国的北京，和全国各地紧密相连。北

京对外就是代表中国面对国际；而对内与全国各地既是兄弟般关系，又是居于引领地位。首都的一举一动，都是全国各地学仿的榜样。所以，在21世纪中华民族发起推进城镇化建设的伟大战役中，北京完全有能力有条件显示出领航地位，率先举起中国城市跨越式发展“援助特区”的旗帜，为全国城市发展方向实践全新模式。这也是制度创新的重大突破，为党中央、国务院提出的中国城镇化建设开辟了一项全新的操作方式，并创立出我国城乡协调发展的有效运行机制。

2. 北京、上海、广州等特大型城市为国家培养了大批各类人才

改革开放30多年来，全国各大城市根据各行各业的需要培养积蓄了大批优秀干部，特别是大批优秀领导干部。尤其是北京这座国际大都市的干部，他们长年在北京这个中国最大的国际窗口环境中摸爬滚打，接受改革开放最前沿的信息，交往国内外社会各界朋友和知名企业家，获得了丰富的社会管理经验。近些年，首都经济的快速发展，也离不开他们每一位的参与和付出的汗水和心血。

长时间的炉火炼出的真金，使北京的干部几乎人人都是特长干部，富于创新的优秀管理者和领导者。他们是北京的人才，也是国家的人才，把他们选调到祖国今天最需要的地方去，是一项最荣耀、最具有国际影响的重要举措和战略决策。

他们一旦有机会从首都奔赴边远地区，凭他们的水平和能力，凭他们在北京长期工作积累的经验，很快就会引导当地群众步入快速发展道路，为中国21世纪的城镇化建设建立汗马功劳；同时，也会充分地体现出他们最高境界的人生价值。

3. 北京、上海、广州等特大型城市拥有雄厚的财力基础

以北京为例，近些年北京的快速发展是众所周知的。据北京市政府新闻办公室的资料显示，早在2006年，北京经济就实现总产值

7720.3亿元，比上年增长 12%，连续 8 年实现两位数增长。人均 GDP 达到49505元，财政收入1117.2亿元。[①]

与此同时，北京的建设投入之大，也是有目共睹的。

可以说北京每年只要从某个领域压缩一点，就相当于或超过 1 个边远县全年财政收入的总和。因为很多边远山区单个贫困县每年财政总收入还不足5000万元，而北京市交通领域每年的投入就达几百亿元。

北京在任何一个投入领域稍挤一挤，就可给一个贫困县的发展产生巨大的推动力量。就北京近些年汇集的资源能量而言，除了稳定北京自身的发展需要外，北京完全有能力拉动一批贫困县发生根本性变化。因为，这么大的城市向外扩大一圈环线的地域面积，将需要巨大的投入。如果北京在相对时间内保持稳定六环的面积，把本市的发展转入市内结构优化，不仅能使北京周边的生态环境得到更好的匹配，且能巩固大城周边绿色包围圈，并以其调剂市区空气的辐射作用，更会加快创建最佳国际大都市的步伐。与此同时，还能拿出适当的资源远距离发展“援助特区”，开辟出一条投资建业的新通道，形成“以城带乡”、“城乡统筹”的伟大创举。如果北京、上海、广州、重庆、武汉等全国一些特大城市都能适当调整本市向城区周边拓展的速度，实施远距离发展“援助特区”，采取跨区域共同开发、利益共享的原则，就有可能调动几千亿元甚至上万亿元的资金换位投入，那就将形成推进大半个中国的县乡发展动力。全国现有2000多个县市，从中挑选出约 1/3 需要扶助的县市，每年将使每个县市都有可能获得几亿元的资金扶助，在这些县市的乡镇办起多少个解决农民工就地就业的新型企业，即可使多少农民工结束长

---

① 北京市政府新闻办公室：《北京概况》，五洲传播出版社 2007 年版，第 14～18 页。

期外出的流浪生活，为我国城乡协调发展作出巨大的历史性贡献！作为大城市发展到今天，少向外扩展一圈，就等于少一份压力，多一份优化。把目光转向远距离发展，既为国家分忧，又为现有资源最优结构配置找到了有效模式。这一创新发展模式，具有十分重要的现实意义，希望能得到大中城市的高度重视。

4. 北京、上海、广州等特大型城市已有庞大的企业王牌军队伍

这些年，北京、上海、广州等大城市都汇聚了全国乃至世界太多的优秀企业家。他们中多数人在北京、上海、广州等大城市已发展了比较成熟的产业。动员他们去“援助特区”设点或办分厂，是一股巨大的产业拓展力量。

这些成熟企业发展到一定阶段，凭着他们的产业优势和经营优势，即使没有国家的需要，他们自己也会自发地向外拓展和延伸，寻找新的发展空间。如果有政府引导，完全可以形成团队力量，对“援助特区”的产业发展以至我国的城镇化建设起到至关重要的推动作用。

5. 北京、上海、广州等特大型城市具备了科技人才的绝对优势

以北京为例，由于北京科技院校和科研单位较多，拥有雄厚的科研力量和强有力的科技人才队伍。北京一旦拥有自己的外埠发展空间，只要政府一声令下，并给外派科技人员制订一个充满希望的激励机制，大批科技人员自然就会积极响应，在政府的直接引导下奔赴目的地，凭着他们的群体智慧和专长，为“援助特区”托起一片科技蓝天。

6. 北京、上海、广州等特大型城市其主要领导也是全国的领导

以北京为例，北京在全国所处地位的特殊性，决定了北京市的主要领导本身就是全国的领导。他们中有中央政治局委员，有中央委员和全国人大常委会委员、全国政协委员等，领导人数也较多。因此，北京市的领导肩负着双重责任，既要办好北京的事，也要考虑和支持全国的事业。尤其是21世纪中国城镇化建设这样划时代意义的伟大事业，全民族都为之动情和出力的事业，北京更是责无旁贷。中国的事情办好了，同样也有北京、上海、广州等各大城市的一份荣耀。

特别提示：北京、上海、广州的这些绝对优势，在天津，在重庆，在一些大中城市都会不同程度的拥有或存在，这是当代中国城镇化建设不可忽视的重大资源和力量。建议国家给予高度重视，并充分发挥其历史性作用！

据相关资料表明，截至2008年，全国百万人口以上的大城市116座，超大城市39座。这些大中城市如果都能实施“援助特区”战略，无疑将对加速我国城镇化建设的步伐起到无可估量的巨大推动作用。

第七章 “扬弃式现代农业”模式

中央农村工作领导小组办公室陈锡文主任在一篇序言中论述：“开展对农业多功能性的研究，可以为全社会重新认识农业拓宽视野”。

“人们对农业的认识还落后于实践，只把农业简单地看成‘吃饭产业’，以吃饭目标掩盖了农业的丰富内涵”。

“农业不仅具有经济功能，更具有巨大的社会功能；发展农业不仅是农民的责任，也是全社会的责任。特别是随着经济发展和科技进步，农业的传统功能不断强化，新的功能日益彰显”。

“农业功能被单一化，产业发展被限定在一个狭小的范畴内，导致农业产业体系步履维艰。拓出农业的丰富内涵，把特色产业、生物质产业、生态产业、旅游休闲产业、农业文化产业等新的产业形态纳入了农业产业的范畴。这为现代大农业产业体系的构造提供了强大的理论支撑”。“农产品通过加工转化，将实现几倍，几十倍甚至几百倍的增值”。①

陈主任的论述，为我们研究现代农业的丰富内涵提供了极大的启示。

当今社会，已进入一个高科技渗透各个领域的全新社会。自20世纪80年代初以来，伴随着世界科学技术飞速发展，专家们已把不同特征的时期划分为：工业技术时代，电子技术时代，信息技术

① 陈锡文：《研究农业多功能性问题意义重大》，《人民日报》，2007年6月29日。

时代。

在信息技术时代里，以电子计算机为母体的电子应用技术广泛进入社会生活领域后，不仅为社会经济发展带来了前所未有的低成本、高效率、高品质、高速度；而且手机的普及和计算机网络的使用，大大提升了现代人的工作时效，降低了社会交往成本，赢得了高速发展的社会经济效益。也为人类生活的方方面面带来了新的方式，造就了现代高品位生活的广阔空间。

农业在电子技术时代和信息技术时代科技东风的强力推动下，短短30年间，已完成了历史上用一个世纪也难以跨越的路程。粮食亩产超千斤，农副市场大丰富，耕田不用牛，收割不用人，农家用电器，农民使手机，坐在电脑前，能知天下事等等。这在50年前还只是人们传说的神话。尤其是西方发达国家，农业领域不仅早就实现了电气化，而且已超前进入了生物技术和遥感技术的应用领域。科学技术的快速发展，把全球农业带入了一个激烈竞争的时代。

我国的农业在时代列车的牵引下，已在国际竞技的跑道上迈开了前进的步伐。但因历史原因，面对现代农业全球化的格局，我们在前进中遇到的困惑已危及农业的后劲。

一　我国农业主要面临的“三大”任务

历史进入21世纪后，生物、化学、物理、气象、地理等多类学科接连不断地推出大批科技成果，并广泛应用于农业领域，有力地推动了农业耕作方式的快速变化。

国际农业领域出现的许多新情况，特别是以美国为代表的发达国家，包括英国、德国、以色列、日本等一些国家的现代农业，已进入了一个十分强势的发展状态，给各国农业带来了巨大的竞争压力。

面对国际农业高度现代化的发展趋势，我国农业如何尽快走出低谷赢得发展优势，已成为农业领域不可延缓的大事。

根据我国农业的现状，主要应在三个方面加大推进力度。

1. 加快种养殖业科技创新，提高产能效益

近年来，科技创新对推进现代农业发展已发挥了极其重大的作用。农业科技创新，不以人们意志为转移地成为推动现代农业向前发展的基本动力和有力杠杆，在我国现代化建设中有着举足轻重的地位和十分重要的意义。

在现实生活中，农产品市场的激烈竞争，实质就是科技竞争，农业产品的科技含量高低，直接表现为市场价值的优劣。

改革开放 30 年来，广大农村伴随着现代化科技的发展应用，传统的耕作方式有了较大改进。但由于受诸多因素的制约，现代农业的科技创新几乎还处在摸索阶段，存在着巨大的发展潜力和广阔空间，迫切需要我们从战略上采取相应举措，以推进这项工作的健康发展。

现代农业是一个十分复杂的系统工程，其科技创新涉及面广，关系到种植、养殖业中的主要领域有：

土壤改造、优化品种、栽培方式、灌溉条件、培育管理、化肥农药、病虫防治、产品加工、储藏手段、产品包装、农机设备、运输环节、市场拓展，以及生物技术应用、信息技术开发、节水灌溉技术、食品安全控制、无土栽培技术、养殖品种培育、饲料品质优化、养殖技术创新、优化产品质量等 20 多个方面。

如何组织专家及科技力量，针对基本范围中每个方面的特点开展科技创新，是时代赋予我们的战略任务。

与此同时，地方特殊资源的开发，也是现代农业和城镇化中一项不可忽视的大事。现在不少地方仍存在一个令人遗憾的状况，即主产木材的森林之乡却没有办起知名家具厂，生猪喂养大省却没有猪肉加工品牌上市，主产棉花的地区却没有棉制品名牌用品，主产皮革之乡却没有名牌皮鞋企业等等。

中国地大物博，辽阔的国土上蕴藏了许许多多的地域特产优势，如何开发这些优势，是城镇化建设中一项振兴区域经济的重要任务。

2. 严格实施《中华人民共和国食品安全法》，着力解决食品质量安全问题

近些年，食品安全问题给人类的威胁，已到了让人感到恐慌的地步，解决这一问题已成为全社会共同关注的大事。

①食品安全问题的来源主要在于“三个方面”的渠道

一是植物类食品的残留农药。突出表现在蔬菜、谷物、水果等食品之中，农民在种植这些产品时，为了防治病虫害的侵蚀，一般都会大量使用化肥、农药。这些药品残留作物体内进入人体，直接侵害人的健康。

二是超量和不当使用食物添加剂，包括食物染色剂，在人们不知晓的情况下，食物带着毒素进入到人们体内，危害人们身体健康。

三是超标使用饲料添加剂，这些饲料进入动物体内无法一次性转化添加剂而残留动物体内，人们食用肉类食品后，肉类带着残留的毒素进入人体内，必然伤害人们健康。

②专家是解决食品安全问题的基本力量

从客观角度分析，切断食品毒素的来源，基本在于相关专家的努力。离开专家的科研工作，食品安全问题就难以得到控制。

一是农药化肥留在植物中的毒素，只能通过专家新的科研成果才能解除。要么研究一种无残留植物的农药化肥，要么研究一种不需使用农药化肥的抗体植物，除此之外别无选择。

二是解决超量添加剂生产饲料的配方，只能通过专家之手才能

办到。业内专家以向人类健康负责的道义和良知，切实把好添加剂用于饲料的配比关，同时严格控制有害添加剂用于饲料配方，确保养殖业饲料的安全性。

三是检测专家严格把好各类食品安全标准检测关，以对人民健康高度负责的精神，做好各个环节的食品安全检测工作。

③严格实施《中华人民共和国食品安全法》

《中华人民共和国食品安全法》（简称《食品安全法》）是一部保护人们身体健康安全的根本大法。这部法律的推出，倾注了全国人大和国家职能部门以及社会各界的诸多心血。对解决食品安全问题有着十分重大的意义。

一是要通过相关方式加大对国家《食品安全法》的宣传力度，帮助广大消费者提高食品安全意识，同时，帮助广大生产者强化安全责任。

二是强化食品安全执法队伍，特别是应建立一支常规的巡查检测队伍，加强对食品生产企业的日常巡视和检测。建议国家相应增加执法队伍人数，并加大执法力度和相应投入，严格监管食品生产部门的安全生产。

三是建立完整周密的食品安全监管体系，严厉打击违反《食品安全法》的人和事，及时并严肃处理生产企业的安全隐患，确保人民生命的健康安全。

四是建立食品安全问题报警机制，确保生产领域的安全生产流程。

五是建议政府相关职能部门根据严格实施《食品安全法》的需要，建立“从田头到餐桌”的全程监管制度体系。

3. 土地平整为现代化农业大生产铺平道路

在现代农业生产中，机械化是现代化的基础。而机械化是建立在土地相对平坦基础上的生产方式。

我国东北平原、华北平原、长江中下游平原、三江平原等由于地域辽阔而又平坦，天然地为现代机械化农业大生产预备了良好土地资源耕作条件。

但中国地形的特点是山地多，平地少，海拔在500米以上的地区约占陆地面积的3/4，在500米以下的仅占1/4。这种地形特点，使相当多的地方处于山区和丘陵区。这些地区的耕地一般平坦面积少，坡地面积多。尤其是部分山区的田地，不仅梯形坡度大，而且丘块面积小，很不利于现代机械化作业。

历史发展到今天，农业机械化已是现代农业最基本的条件。由此，我国农村的土地平整，却成了推进现代化大生产一项刻不容缓的重要任务。也是城镇化建设必须重视的基础工程。

近些年，各地已拉开了平整土地的序幕。但因土地平整涉及诸多方面的因素，有些问题还需要进行相关探讨。本文第十章第一节第四条再作综合分析。

二　我国部分地方农业处于“涉盲”状态

著名经济学家刘福垣这样分析：我们这个城市的工商业已经是现代化的生产方式，而我们的农业生产方式相当部分还是前资本主义的生产方式，是小农经济。经济学家的分析，充分表明了探讨和改变我国农业生产方式的紧迫性。

加入WTO以后，国际先进的现代化农业对我国农业经济的冲击越来越严峻。以英、美为代表的现代高科技农业，不但大大降低了生产成本，而且在农产品质量和安全方面采用了高科技检测体系，大大提升了农产品的市场竞争力。我国农业面对这样激烈竞争的局面，各地都在积极应对，并取得了许许多多的可喜成就。然而，由于历史的原因造成我国农业滞后的现实处境，一些地方在应战中却出现了一些新的问题。

1. 盲目

部分地方的农村基层组织和农民，面对国内外现代农业的发展趋势，深深感觉到自家小农经济延续的传统生产方式已在现代高科技农业面前黯然失色，毫无竞争力。但又不知怎么才能改变这种局面？更不知道谁能帮助解决这个难题？长时间以来一直困扰在这种无所适从的盲目状态之中，表现出十分的无奈。

2. 盲动

一些地方不甘落后，怀着强烈的创新意识和拼搏精神，大胆尝试改变传统农业耕作方式，在产业结构和耕作方法上进行大调整。然而由于对产业调整的规律性和耕作技术的适用性缺乏深刻了解，对市场规律缺乏充分认识，未能沟通营销渠道，最终导致盲目行动而产生的不良后果。

如某县一位政府领导一心想帮助农民致富，要求农民种湖藕，夏日逢时，公路两旁，长达数十里，微风摇绿海，荷花映骄阳，一派新景象。新闻媒体大为传播，路过者一片赞扬。可秋天所至，湖藕上市，因属普通品种，移位种植更有退化，缺少科技含量，久日售出甚少。寒冬临近，仍有不少湖藕睡在田里，挖藕的代价比售价还要高，老百姓干脆不要了。这完全是由于盲目行动造成的劳民伤财。

3. 茫然

不少地方的农民在延续传统耕作农业过程中，深深感到付出大，收成少，不能充分体现自己的劳动价值。而采用改变经营方式，大胆创新，又因为科技难把握，市场难对接，盲目行动容易遭受无法把控的经济损失。

由此感到维持难，改变更难，眼前一片茫然，只好表示一种遗憾和无奈。这就出现了一个新的问题，本来我国耕地面积已不富裕，各地却又出现部分土地荒芜。这在改革开放30多年前是万万不可能有的事，今天却现实地存在着，不得不引起人们深省。

农业领域出现的“涉盲”问题，是城镇化建设必须认真解决的问题。而且需要在方法和战略上有所突破。否则，将难以从根本上改变这种困惑状态。采用现代科学技术提升农业品质，是历史进入21世纪后，世界农业发展出现的全新格局。

①建设现代化农业已成为世界农业发展的主流方向

农业对科技的依赖程度日益提高，农业科技已成为推动现代化农业发展的根本动力。

②农业竞争日益高科技化

在市场上，农产品的科技含量高低，决定了市场价格的优劣，农业正在由“依赖型”向“科技支撑型”转变。

③农产品生产正朝着高品质和个性化方向发展

21世纪农业不仅要满足消费者对农产品质量、品种、花色的个性化需要，还要满足消费者对健康保障和精神享受的需要。

由此，现代化农业的时代主题应该是：“高产、优质、低耗、高效、安全、生态”。只有达到这个目标，农产品在市场上才有竞争力。[①] 实现这个目标，其根本就在于产业模式创新。

三 用“扬弃式现代农业”改变我国农业现状

当前，我国农业发展滞后的问题，已成为了城镇化建设中必须解决的重大任务之一。根据各地农业发展现状，我们在加大农业科

① 孔祥智：《中国三农前景报告》，中国时代经济出版社2005年版，第267页。

技创新的同时，对传统种养殖业进行“扬弃式”改造，是现阶段增强我国农业市场竞争力的重要战略，将对康复我国农业的“造血功能”发挥巨大的功能作用。

1. “扬弃式现代农业”模式的根本含义

“扬弃”二字来自哲学中的名词，这里所说的“扬弃式农业”，其根本含义就是对传统农业要进行一分为二，取其精华、去其糟粕，并不是对旧的东西一概否定或抛弃。而是要客观地看待传统农业。由于现代科技的高速发展，使一些人忘记和漠视了传统农业中的优秀品质，才对其产生的片面认识。为使我国农业健康发展，急需重新审视传统农业，从而保留下传统种养殖业中的有益部分或优良成分。这就吻合了哲学中所定义的“扬弃”概念，因而定之为“扬弃式现代农业”。当“扬弃式现代农业”经过新型组合后，在形成规模生产的基础上，将其定论为“模式”，这就是“扬弃式现代农业”模式的概念和特征。

2. 客观看待现代化农业和传统农业各自的优势与劣势

随着科学技术的高速发展，今天的农业已进入到了现代化科技时代，而这个时代的农业特征，是用现代理念引路和用现代科技作支撑的现代设备武装、现代系统经营、现代信息导向、现代能源辅助的现代化生产体系。其独特之处在于，劳动强度小，生产周期短，种植养殖产量高，产出效能大。

自20世纪80年代末，添加剂饲料问世以来，一个个大型养殖场在各地兴起，十万头养猪场，百万只养鸡场神话般地变为现实，还有养鱼、养鳖、养龟、养牛、养羊等以一个全新的产业推动社会物质生活的快速提升与发展。一时间，饲料行业成为了社会产业中具有效益优势的朝阳产业。20世纪90年代，大棚蔬菜水果的问世，为人类生活又创造了一个奇迹。寒冷冰霜的冬天，茫茫一片的大棚里花红斗艳，绿色争辉，餐桌上冬有夏菜，夏有冬肴。诸多农户因此获得了丰厚收益。可以肯定，今天的现代化农业，是建立在现代科技支撑之上的大农业。现代化大农业，极大地丰富了现代市场的物资，还消灭了物资贫乏的历史，创造了人类生活丰富多彩的崭新时代，这无疑是社会生产手段的巨大进步。

然而，现代科技农业也存在美中不足，突出表现在现代农业大量使用了农药化肥和饲料添加剂，使农产品蒙上了安全问题的阴影。这个直接威胁人类健康的问题已引起了社会各界的高度关注，人们切盼产出天然食品的呼声越来越高。由此，发挥传统农业优势，采取“扬弃式”革新，不仅是时代的呼唤，也是人类社会发展的必然。因为，农业完全不同于其他产业。

用辩证的观点实事求是地分析传统农业，我们应该看到，它所特有的也是现代农业难以做到的品质，潜伏着强大的生命力，不宜一概否定。

一是传统农业的优点

我们通常所讲的传统农业，主要是以农户为基础，利用传统种养殖方法和经营的农业经济，俗称小农经济。客观地分析传统农业，其优点有六个方面：

(1) 历史上的传统农业，基本属于纯天然产业。农作物的种植和培育，主要靠摄取宇宙间的天然物质能量和农家肥，一般不使用化肥农药；养殖业不使用饲料添加剂，其产品属于健康安全食品，这是传统农业最大的优点，更是现代农业难以实现的。

(2) 传统农业的产品，由于充分摄取了宇宙间各类物质运动中所产生的物质能量或人们提供的传统肥料、食料，既而种养出的产品，其品质纯真，营养丰富。这是支撑人类健康生命的优秀物质本源，也是传统农业的独特和珍贵之处。

(3) 传统农业充分利用了大自然特有的多种资源。如，农家周围的土地资源，绿色环境资源，广阔的空间资源、优良的空气资源和山间、水边、田地之中的农家养殖资源等等。这是大自然赐给人类健康生活和延续生命的永久性天燃母乳；是传统农业所固有的十分重要的特殊优势。

(4) 传统农业即小农经济，其劳动成果基本归农户自己安排，所以能充分调动每个农户的生产劳动积极性。

(5) 传统农业属于各家各户独自经营，各自掌握耕种饲养内容和方法，各自承担风险，经营种类比较灵活，不受外界干扰，有利于加强劳动者的责任心。

(6) 传统农业或小农经济基本属于人畜合作、成本较低，一般种植面积不大。经营上风险较小，不会出现大面积失误所带来的损失。

二是传统农业的弱点

传统农业相对今天的现代化大生产，也显示出了严重的弱点，其劣势突出表现在三个方面：

(1) 传统农业基本属于单家独户作业，受农家各自的生产地盘和条件所限，一般情况下，生产规模都比较小，难与现代化大生产对接。

(2) 现代市场和现代物流都是批量产品经营方式，品牌营销战略，而单个农户的农产品很难进入大市场，更难以形成品牌，这是传统农业特别是小农经济难以对接市场的最大困惑，也是传统农业的优势被现代化大生产淹没的主要原因。

(3) 传统农业基本以天然种养殖为生产手段，尤其是传统养殖业，生产周期长，投入成本高。而现代科技养殖法，生产周期短，投入成本低，当消费者对两个不同产品的品质差别认识模糊的时候，其产品价格的差距与产品质量的差距就难以形成正比，这就使得传统农业受到无法抗拒的效益冲击。这就是传统农业走向衰退和劣势处境的重要原因。

现代农业中两个不同生产过程和手段所形成的不同优势，决定着各自的市场前景，成为互相竞争，相互促进，相互提高，相互发展的产业格局。

3. 农业的特殊性决定了农业的崇高地位

我们通常所讲的农业，包括了种、养殖两大类，农业产出的产品，除了部分用作工业原料外，主要产品是人类所需的食品。因此，人们也称农业是养命的产业。这既是农业的本质，也是农业不同于其他任何产业的特性。正因为农业与人类生存息息相关，所以农业和农民承担着孕育生命和支撑生命以及延续生命的重大使命！

从农业的本质分析，其内涵主要包括两个方面：一是供给人类一日三餐的食用品，为人类供给生命存在所需的能量；二是确保提供的食品安全无害，具有丰富营养的食品，为提升人类的生活质量和孕育生命以及人类健康成长创造先决条件，而承担其责。

这一特殊本质，要求从事农业生产的人们必须具有高度的责任感和良好的道德观。因为农业的生产过程，就是农业工人运用相应的生产条件和手段，转换大自然物质能量的过程。从而为人类提供支撑生命、延续生命、孕育生命的物质，这种物质决定了农业不同于其他任何产业，农业能否健康发展，不仅直接关系到能否承担起人类自身健康发展的重大责任和使命，而且直接关系到整个社会生活能否协调发展的大事。所以，全社会都应充分认识农业的特殊地位，重视和维护农业的健康发展。

党中央、国务院把解决“三农”问题摆到了全党工作的重中之重。我们不能单纯理解为解决农业产出效益低，农民收入和生活水平低于城市，农村面貌落后等问题，还应看到“三农”中的农业这个特殊产业所承担的特殊使命，是需要全社会为之努力的核心问题。因为人类自身的生存健康全掌控在农业之处和农民手中，这个特殊产业的关键，就在于能否以最佳方式转换人类生命所需的物质能量。

从这个意义上讲，农业不仅需要特殊的生产条件，除了土地是农业的母体外，还必须借助宇宙间的阳光、星月、风、雨、冰霜等一切天体运动所产生的物质能量融入种养的动植物体内，才能培养出孕育健康生命营养丰富的食品。离开了从大自然中摄取物质能量的食品，难免在质量上存在欠缺。

4. 市场需求决定了“扬弃式现代农业”的开发潜力

自古以来，产品变为商品都是通过市场来实现的。农民生产的产品如卖不出去，主要是两个原因：要么是与市场脱轨，没有找到通往市场的渠道或门路；要么是产品质量低，达不到市场所需的需求，而得不到消费者认可。

一是30多年来我国市场经历了三个阶段

第一阶段是被动消费阶段。

改革开放前，由于市场物资贫乏，消费者进入市场，没有选择物品的余地，只能是有什么就买什么，很难实现想要什么就能买到什么。

第二阶段是盲目消费阶段。

即改革开放后的一段时期，市场物资空前丰富，各类产品琳琅满目。消费者进入市场，见到新鲜产品就买，有些饥不择食的举动。

第三个阶段是理性消费阶段。

历史进入20世纪90年代末以来，人们的消费观念发生了很大变化。经历了较长时间的盲目消费体验后，人们发现有些食品农药残留量大；有些来自于温室的食品，味道和营养大打折扣；有些食品因饲养或种植方式的问题质量已无优势等。这时，人们进入市场，必然挑挑选选，进行理性的比较选择。

人们进入理性的消费阶段后已充分显示出人性化追求。这种全新的追求，使人们深深感到了消费中存在的突出问题，已对人类健康产生了严重威胁。人们力图立即摆脱毒素的侵害，摆脱垃圾食品对人体健康的困扰。但人们想要消费的物资，市场上却没有。这个没有，就为“扬弃式现代农业”展示了巨大开发潜力，为农民预留了无数个就业的永久舞台，为“扬弃式现代农业”储存了巨大利益空间。

二是人性化食品主要来于大自然

在客观世界里，地球上万物生长都受宇宙间运动的直接制约和关联，这是一个不容改变的客观规律。不同的生产条件，决定了天然食品和改良食品存在质的差别。

专家郝万山讲述，一年四季节率是宇宙守衡运动的规律体现。四季节律中有月节律，月节律中有 7 日节律。鸡蛋孵小鸡是三个 7 日节律 21 天，猫怀孕是 9 个 7 日节律 63 天，兔子怀孕是 4 个 7 日节律 28 天，老虎怀孕是 15 个 7 日节律 105 天，人怀孕是 40 个 7 日节律 280 天。女性月经是以月节律为周期。

人是这样，动物是这样，植物也是这样，地球上的一切生物都与日月星辰大自然的运动密切相关。因为人体和动植物乃至一切生物都是由各种元素构成的，这些元素都是来自大自然，同时与大自然融会，与万物相联系，并相互制约。

黑龙江有块地方缺少微量元素硒，女孩发心肌病的人数诸多。

湖北钟群市有个长寿镇，活过 100 岁的老人诸多，有位河南妇女嫁到长寿镇，现已活到 107 岁，身体仍然很健康。原因不是住在那里的人身体特殊，主要是那个地方的地理环境和在那片土地上生长的食品，具备了有利于延年益寿的物质能量，一种能为人类所摄取到的物质能量。虽然我们凭肉眼和感官功能感觉不到有什么特殊，但在那片土地上，万物与天地日月星辰的运动交融中，就会使之产生其特殊性。

可见，生命的存在、成长，其变化速度、质量都与大自然密切相关联。同时也说明动植物的正常生长，需要一定时间摄取大自然其万物在空间相融交汇中所产生的能量，并且能摄取到一定数量的物质能量，才能形成优秀的品质。

由此，我们必须十分重视宇宙中万物构成能量的规则。地球如果离太阳的距离近1%，地球就是火球，不可能有生命；如果离太阳的距离远1%，地球就是冰川，同样不可能有生命。因此，阴阳相融与生命相适，是大自然给予人类和一切生命生物的特殊和谐家园。离开这个家园，人类就不能生存。

目前，探测到的宇宙间所有星球都不具备生命孕育的条件，正因为地球在宇宙间所处的位置决定了地球上尚有阴阳二物，和谐运动，才能形成生命和生物；才构成千姿百态，万紫千红的精彩世界。

我们研究人类食品品质和安全，必须把大自然的运动关联规律作为基本研究对象。否则，就很容易犯违背自然规律的错误。

认识大自然的运动与万物生长的关系后，我们再来谈论食品，就不难理解其中的大学问了。因为所有作为人类食品的动植物，只有来自大自然环境中，才与人类人性化需求完全相吻合。

虽然人工通过科技合成也能产出某些好食品，但那是很难达到天然食品的品质的，尤其一些违背大自然中生长规律而加工出来的食品，难免会与人们健康生命形成无效性或抗逆性。

三是大自然的物质能量是决定优良食品的母乳

世界上任何动、植物都是从大自然中摄取物质能量发育成长的。能量是大自然中阴阳结合的特殊物质，即太阳、星、月、风、雨、冰、霜融入气体中的特殊物质，是宇宙间各星球运动中产生的一切力量汇合而形成化育生命的本源。

任何一种生物，都会吸收大自然的空气、阳光、水氛、气温、林荫、矿石、土地、月光、温泉、雨水、颜色、气压、风能等所产生的物质，以及不同季节和节气的不同物质能量。离开大自然的物质能量，任何生物都不能健康生长。

为什么附子生在山沟阴处就成抗寒药，西瓜生在阳光热地就成抗热食品，就是这个道理。经霜染过的白菜才甜，夏天的辣椒才香，没有见过阳光、雨、露、风、雪、冰、霜的植物，品质必然存在差异。

尤其是阳光，确实是人类取之不尽，用之不竭的生命能源。生活在北极圈的爱斯基摩妇女，在黑夜漫长、缺乏阳光的冬季里，没有月经，也不会受孕。

而生活在赤道附近的少年，性成熟要比北半球早。德国医学专家指出：许多疾病的发病过程都与阳光照射太少密切相关。充足的日照能使人免受高脂血症、高胆固醇血症、动脉硬化、风湿病、痤疮以及牛皮癣等各类疾病的折磨。

如果我们用光谱仪来分析阳光，便知道阳光可分为可见光、不可见光、红外线、紫外线、X射线、r射线等。

阳光的各种成分经过与大气中臭氧以及其他物质成分相遇，产生一连串的化学变化，将分解出对生物生长的各种物质。①

可以肯定，宇宙间的一切能量，是发展农业所必需的环境条件。一切优秀食品都离不开大自然的母乳。

为什么反季大棚蔬菜与应季蔬菜相比，其味道有如此大的差别，就是没有充分吸收应季大自然的物质能量，只是摄取了土地中的物质元素，是生长环境不同的必然结果。

自古至今，应季蔬菜水果，本来就是享天日之阳光，受夜间之露水，吸土壤之养分，伴风雨之成长的草本植物。任意一粒种子埋入泥土里，一旦发芽钻出土面，它却面对整个宇宙，每时每刻都在吸纳大自然的新鲜空气，阳光雨露和大地乳汁，万物散发的各种养

---

① 林光常：《无毒一身轻》，北京国际文化出版公司2004年版，第56～57页。

分不断地向它输送营养，使它逐渐长大成熟，带着大自然的母乳芳香和丰富的营养走向人类品尝的餐桌。

这种蔬菜和水果具有三个特点：

①充分吸收大自然间和泥土中的各种养分，能为人类健康提供丰富营养；

②经历了阳光雨露、风雪冰霜的历练，物质构成要素已达炉火纯青，该甜的甜，该酸的酸，该硬的硬，该软的软，这是天地日月赋予的瑰宝；

③色彩光泽天生丽质，香甜可口，韵味流连。

而反季大棚蔬菜水果截然不同，为了在低温区域造就春夏蔬菜的必备条件，一张塑料布常将它与天日隔离，从出土到成熟很少见到阳光雨露，很难呼吸到新鲜空气，更无法品尝到万物散发的清香和大自然的诸多养分。虽然它们的模样与正季蔬菜水果几乎没有区别，但食用口感相差甚远。其质的成分难免存在差别。

从实践的观点思考，味也是物质的体现。无质就无味，无质就无色，无质就无物，按照这个原理，既然味有如此差别，质也应该存在差别。

它们其中的微量元素和内涵成分究竟有哪些区别，是否缺少某些成分，受检测手段所限也难以作出判决。但这种差别不仅从产品品质上给反季蔬菜生产者提出了满足人类人性化生活质量的更高要求，为科技创新赋予了新的内涵，而且也为“扬弃式现代农业”提供了广阔的舞台。

四是吹“气球”式养殖法为农业预备了广阔空间

在科技领域中，添加剂的问世，无疑是一项重大科研成果。它对推动相关产业的发展起到了极为重要的辅助作用。尤其添加剂引入饲料产业后，推动饲料生产成为一个庞大的产业。然而饲料养殖在创新养殖时速的同时，也使产品质量打上一个大问号。

首先来看现代吹“气球”式的养殖法。这里包括了养猪、养鱼、养虾、养鸡、养鸭、养海参等，凡引用了现代快速养殖技术的养殖产业，其产品质量都已成为社会关注的焦点。

比喻，现代吹“气球”式的养鸡法，即用添加剂饲料催化成长的鸡，从它出世到进入市场，一个笼子关到死，终日见不到阳光风雨，一生都不能活动，更享受不到野外的新鲜空气，大自然中特有的营养物质能量基本吸收不到。

人工配备的添加剂饲料，主要的目的是催促快长。这些饲料进入鸡体内，就像一股具有神力的膨胀气流，使得关在笼里的小鸡像吹气球一样迅速膨胀，40 多天就能吹出 4～5 斤体重。

这种鸡从视角上看模样也没有太多改变，只是鸡脚粗大，像得了水肿病，头上鸡冠粗大也像肿块，其他外观很难辨别。但一旦送上餐桌，进入人们的口中，就能感受到存在着太大的质的差别。

人的口感是最直接的检验。这种鸡肉进入口里，其肉质轻软，粗糙，谈不上可口，说不清味的感觉。与原本农家不喂饲料放养的鸡相比，有点似鸡非鸡的味道。鸡汤更是无法相比。

农家放养并不喂饲料的鸡，在太阳云雾以及风雨之中穿行近一年，就凭太阳的 20 多种物质，在鸡的身上穿透会发生什么样的物质转化作用，对鸡的肉质鲜美形成起到什么样的渐进效果，还有野外的优质空气、风雨冰霜以及宇宙中万物形成的物质能量与鸡的成长交融，以及鸡能自食的野草和昆虫以及野外运动等等，都会对鸡的优秀品质形成起到什么作用，可能专家们也还没有这样去研究过。

目前，有关部门鉴定的笼养鸡基本具备放养鸡的营养成分，也只是具有一些主要的营养成分。何况农家放养鸡具有的优势而笼养鸡没有的其他成分，也很难鉴定出来。其原因不是相关部门不想鉴定，也不是专家不愿研究，而是就目前的科技发展水平，其鉴定手

段还存在一定的局限性。

由此，广大消费者凭自己的品尝经验已感觉二者明显差别。农家放养的鸡，它的成长过程决定了它的品质相当于野味的香甜可口，其清沌鸡汤的鲜爽甜润，能是给人一种特别的美食享受；而笼中饲养的鸡做出清沌鸡汤，加了配料感觉就是配料味，不加配料感觉几乎没有可口的味道，甚至还有一股肉腥味。所以，餐饮场所一般都是油炸，吃的是油香味，或辣椒配炒，吃的是辣味。

在北京，讲究饮食科学的消费者，很少食用笼养的鸡肉。经济条件较好或稍懂食品知识的消费者，基本不吃这种肉类食品。他们深知这类食品除了口味的差别外，营养也会存在差异，何况还可能带有副作用。相关专家早有提醒，添加剂在动物体内不能全部转化，而在人体中产生第二次转化。

更令消费者担忧的是，个别养殖户养鳖、养虾、养鳝鱼等加用避孕药等等，都让人们对食品的安全十分恐惧。各界人士深深感到今天城市居民一方面享受着时髦现代的精神生活；另一方面却天天吃着退化食品。这种状况，给中国农民提供了一个巨大的商机信息，为天然种养业保留了最有效的开发潜力。

四　“扬弃式现代农业”模式的主导方式

1. 科学主导大小相融的产业模式

就“扬弃式现代农业”而言，主要是继承优秀产业，弘扬优秀品质，提升人类健康，这是赢得市场竞争优势的重大举措。中国农业的传统经营方式，都是以农户单独耕作进行的。其主要优点在于纯天然种养，遵循动植物自然生长规律，这是“扬弃式现代农业”的核心。虽然只是小农经济，但却具备了人性化生活需求的独特优点。

小农经济在今天的市场化现代化大生产潮流中，尽管出现了无法对接的状态，但一旦经过模式创新就完全可以对接了。

当人们认清了天然食品和改良食品在品质上存在的必然差距后，小农经济的生产方式经过“扬弃式”革新，把大和小即大生产和小农户有机地结合起来，扬其各自之长，避其各自之短，也可以说是扬之“土”优，吸之“洋”新，能融则融，能通则通，能省求省，能快求快，适合为标准。不仅能够充分展示出农家各户生产优秀食品难能可贵的特有条件优势，而且能够使单个农户通过进行优化组合，显示出良好的产业运营模式和经济效益，康复农业的“造血功能”，为现代优秀农业谱写划时代意义的新篇章。

2. 用链条式将小农户组合成规模化大生产

现代化大生产，充分体现了高度机械化、电气化、信息化、产业化的格局，这是大趋势。然而，中国农业的现状要与现代化接轨，绝不能脱离国情和现实而一概否定传统，因为推举现代同样存在不小难度。

根据我国农村和农民的现实情况，在产业模式上，我们可以“扬弃”传统的，融入现代的。即在可能的情况下，把小融进大，以大包揽小，要大则大，适小就小，大小可变，方便灵活。这个产业模式的核心，是“扬弃式”改造，而不是一概抛弃传统。

我们称之“扬弃式现代农业”模式，就是一种链条式组合。如一个乡适合养鸡，可以发动各家各户养鸡，同时以乡统一解决市场对接和孵鸡技术，统一解决防病治病，统一做好产出销售。这样，即调动了千家万户的劳动积极性，又适应了现代化大生产，即保证了放养高品质，又创造了养殖高效益。如某个乡镇或几个乡镇的农民有养殖优质生猪的传统，同样可以分户散养，以乡（镇）统一组织配置种猪、技术指导、防病治病，特别是市场对接，即形成了大的产业，又充分利用了地域资源和优良传统生产技术。如某地区土质独特，能产出优于别处的优质水果或粮食，同样可以应用此类组合模式，以形成规模化大生产。

浙江省湖州市长兴县就是“扬弃式现代农业”的典范。他们根据当地传统农业中家庭作业优势，大力推行现代家庭工业，现代家庭农业，现代家庭服务业等，在全县掀起全民创业热潮。创造出特色的“长兴景象”。

在长兴，走进农户庭院和田间地头，无不让人感受到全民创业的浓烈气息。人们想的是创业，干的是创业，说的还是创业，“人人创家业，户户达小康”已成为全县人民的共同行动，呈现出竞相发展的喜人态势。

长兴县家庭工业起源于20世纪80年代的纺织领域。2007年6月，长兴县委县政府审时度势作出大力发展现代家庭工业的精确部署，在全县展开“人人创家业，户户达小康”的创业行动。以乡镇为中心，把广大农户的家庭作业链接成同类产品的规模化生产，按照“一乡一业，一村一品”的区域布局，加快发展商品蔬菜、花卉苗木、特种水产、优质茶叶、名优水果、高效竹林、传统蚕桑等地方资源产业，使分散的农户作出了品牌大产业，充分体现着城乡双赢。形成了农民给城里人送健康，城里人给农民送效益的良好机制。到2008年底，全县家庭工业已达1.3万户，展现着兴旺的发展态势和地方特色。

《中共中央关于推进农村改革发展若干重大问题的决定》中指出：“稳定和完善农村基本经营制度。以家庭承包经营为基础、统分结合的双层经营体制，是适应社会主义市场经济体制、符合农业生产特点的农村基本经营制度，是党的农村政策的基石，必须毫不动摇的坚持”。①

链条式机制把小农户与大产业有机地结合起来，即符合中央的精神，又有利调动广大农民的生产积极性，增强农民的责任心。经营灵活，风险较小，有利经营管理，有利大批量产出消费者需求的天然优质食品，为打造健康时代提供强大的物质支撑。

3. 以“蓑衣斗笠丘”打造特产区

所谓“蓑衣斗笠丘”，是指南方特殊地形的小块田地。比喻面积小得像农家过去下雨天穿的蓑衣和戴在头上的斗笠雨具般大。一块田叫一丘田。

我国土地大半是丘陵地区，不可能简单谈论现代机械化大生产。到过中国南方农村的人都知道，中国南方的广大农村要推行现代化大生产，不少地方不仅目前根本不可能，再过十年八年恐怕也难办到。

因为中国南方的丘陵山区，地形奇特，许多田土的梯形坡度相当之大，有的地方半数以上的田土丘块面积不到 200 平方米，个别的仅有几十平方米，离机械化大生产似乎还很遥远。

但恰恰这些小丘小块土质奇特、自然环保、能产出十分健康和营养丰富的优质食品，是植物的天然母体，是人类制造优良品质营养食物的天然宝地。客观地说，只要人们知道了这些地方的独特优势，这类田土就会成为当地农民永久取之不尽的金库。

由此，我们千万不能轻视这些在历史上被人们称之为“蓑衣斗笠”丘的田地其珍贵之处，不能随意丢弃这些蕴藏了人类健康生活所需无价之宝的重要生产基地。

特殊的地域采取特殊的耕作手段，没有必要强求这些特殊地域

---

① 《中共中央关于推进农村改革发展若干重大问题的决定》，《人民日报》，2008 年 10 月 20 日。

也要实施现代机械化大生产。我们可以研究一些适应小面积作业的小机械，但无须一定要改造成适应大机械作业的生产条件。因为那样做既不现实，也没有必要。特殊地域打造特产地区，是十分有益的产业方向。

对我国山区的乡村，一般都可以采取链条式组合，把“蓑衣斗笠”丘组合成大产业，而且是具有地域特产特色的大产业，这是当代农业赢得高效产出的特别资源和显赫亮点，值得山区基层政府引导农民做好这篇富于时代意义的好文章。

4. 以农协加政府架起农民增收桥梁

这种组织模式与以前公司加农户的模式应严格区别开来。近些年，不少地方为了帮助农民打开产品销路，乡村建起了经营公司，但不少公司属个人投入，市场经营，过多考虑公司的发展。收购时把农户的产品价格压得很低，当地政府不好干预经营，几乎不过问这个核心问题。农民自己又难与市场对接，结果是公司赚了大钱，农户收益甚微，严重挫伤农民的积极性。

为此，采取以农民自己组织农协（或者叫“农民合作社”），推介协会代表负责日常工作，农户集体当家做主，协会纯属服务组织，这样既有利于调动广大农民积极性，又能全心做好工作。与此同时，乡级政府把服务农民产品对接市场作为一项主要职能工作，充分发挥政府与外界联系的优势，实实在在为农民解决实际问题，成为名符其实的服务型政府。

五　“扬弃式现代农业”模式的作用与意义

从“扬弃式现代农业”的实施方式看，其核心是推选纯天然种养产业，产出人性化需求的优质食品，由此，自然具有特别作用和意义。

1. 为人类开辟了长久的健康食品之源

现实生活中，广大消费者面对食品安全问题的威胁，一直困惑安全健康食品的来源。由于现代化大生产以劳动强度小、产出效益高所构成的产品绝对销售价格优势，几乎占领了整个消费市场，使农家传统种养方法已面临淘汰困境，市场上丰富的肉类、水产类产品，几乎都是饲料添加剂养殖的产品，粮食、蔬菜和水果基本经受过农药化肥的护育，真正属于农家纯天然种养的食品很难在市场上找到。

当“扬弃式现代农业”在农村广泛推出后，将为人类健康生存开创崭新的物质源泉，为人们健康饮食提供有效保障。

2. 充分利用了农村已荒废的稀缺资源

我们常说，土地是农民的命根子，这只是狭义的表述。其实，土地是人类生存共同的命根子。因为土地是农业的母体，离开土地和天体供给物质能量的农业，产出的产品必然存在质的差别。

然而，由于传统种养在现代农业中的劣势所致，不仅千千万万农户住宅周边的放养资源处于闲置，而且全国出现了相当面积的土地荒芜现象，这种宝贵资源的浪费该是多么的遗憾。

“扬弃式现代农业”模式，将有效改变这种状况，使广大农村大量闲置或荒废的紧缺资源得到充分利用，成为造福于农民，更是造福于人类的产业舞台。

3. 为我国农业找到了一条新出路

自20世纪90年代以来，在国际现代化农业高速发展的新形势下，我国农业逐步出现困局。一方面农户各自经营难以对接大市场；另一方面多数地方又不具备现代化大生产的条件。

“扬弃式现代农业”模式，将有效克服我国农业出现的阻力和困境，为家庭联产承包责任制注入新的活力。使小农户顺利组合出现代化大产业，有力地推进我国农业步入新的发展方向。

通过推出“扬弃式现代农业”让农村人给城里人送健康，让城里人给农村人送效益。形成生活与产业的直接沟通，创造城乡互动、利益共享、互惠双赢的格局，把城市反哺农村引入城乡互动的产业中，建立城乡统筹的新型长效机制。

4. 找回农民本土优势的“造血”工具

在社会生活中，市场是可以通过自己的努力培养出来的。今天的市场，产品名目繁多，市场十分丰富，但品质优良，又无公害的产品不是人们想象的那么乐观。尤其是肉类、水产类食品，人们甚为忧虑。

为此，广大农民用天然养殖的鸡、鸭、鱼、虾等优质食品去占领市场具有绝对优势。农家放养的鸡，随农户起床时间放它出笼，吹晨风，受日晒，呼吸野外新鲜空气，啄食原野昆虫花草，每天加食稻谷或大米，剩饭或剩菜，饱尝了大自然的风雨冰霜，阳光历练和宇宙万物能量的融汇，其品质和营养的优秀，让人品尝时感到一种真正的美食享受，滋补人们精神元气。这是今天城里市场紧缺的商品，广大农民要用乡村的强项去取胜市场，用农家天然养殖的产品其优秀品质去竞争市场，从而改变农业的困境，康复农村特有的“造血功能”。

5. 为农民托出闲置的“金饭碗”

作为社会生产者的广大农民，因为承担了人类生命延续的必须物资生产供应任务，用历史的观点和科学的观点看，这是一只永不生锈并永远端在农民手中的“金饭碗”。

改革开放30余年来，农民的特殊品质产品之所以未能在社会生活中形成应有的知名气候，这是历史原因造成的。早在计划经济时代，由于生产力水平的局限，农业的生产手段几乎延续着几千年来的传统种养方法，社会物资极为贫乏，人们对物资的需求几乎没有挑选余地。

改革开放的强劲东风，带来了科学技术领域的研究和发展空前活跃的局面。大批科技成果迅速问世，并进入生产领域，大大改变了生产手段，提高了生产效率和经济效益。

农业的种养业也不例外，在封闭多年后的改革开放年代，添加剂进入种养殖业。一时间，人们对此感到新鲜，好奇，欣慰！并视其为改革开放的伟大成果。至于这些令人眼花缭乱的产品，其中是否存在某些有害人体健康的因素，人们却没有多想，甚至也不会这样去想。

当经历了一段历史过程后，人们才逐步发现其质量方面的深层次问题。

今天，人们用自己几十年的体验并付出了一定代价后才完全明白一个道理，即传统种养方式并不完全是落后无用的方式。就养鸡而言，农家传统放养的品质绝对高于大批群体放养，笼养就更不用说了。从产品质量分析，农家占有绝对优势。只要政府给予支持帮助，每个农家每年养出近百只鸡，部分农户甚至养出200～300只鸡是完全可能的。利用农家分散的地域条件，完全采取传统放养，绝对不用配有添加剂的饲料，使之达到纯天然品质，由政府疏通销售渠道，针对城市的相应消费人群，价格可比大批笼养的肉鸡高出2～3倍，甚至再高一些。就像工业产品一样，同样是电器产品，不同质量品牌，其价格相差一倍甚至几倍。面对中高层次的消费群体是完全可以接受的，一些发达国家的中高层次消费群体就更不用说了。

从这个意义上说，农户传统方式养鸡、养鸭、养猪、养鱼等，每家每年就可增加上万元甚至几万元收入，而且是长久性的产业。是农民想要就能得到的工作岗位。可以说这是长期握在农民手中，别人想拿也拿不走的“金饭碗”。改革开放几十年中，由于多方面原因和现代化大生产的冲击，农民的这只“金饭碗”已搁在一旁闲置多年，现在已到了该拿出来用于吃饭了。

6. 以优质产品赢得市场的永久宠爱

农业，其实质是养命的产业。因此，对农产品的品质要求，必须超过任何产业。这是世界上任何一个国家或任何一个人都不会质疑的常识或真理。

如果我们的科技创造或革新为了经济效益而损害人类健康和生命，这种科技不仅没有意义，而且是对人类自身发展的不负责任。

我们必须明确人类的一切活动，在很大程度上都是为了优化人类自身的生活质量。因此，确保食品人性化的品质是农业科技创新必须遵循的基本原则。

对于孕育生命的物质，我们不能随意改变其生长规律而破坏其优秀品质。这也好比人类自身只能通过人类母体孕育出来一样，如果要强行通过其他动物母体孕育就不知要生出一个什么怪物。再说人类母体十月怀胎，我们决不能催化在3～5个月降生。否则，也不知会生出一个什么样的人物状态。

大自然中生长出来的动植物，与我们采用科技手段对其进行改造出来的动植物是有根本区别的。我们必须朝着优化品质的方向去改造，这是现代科技应用于生产的首要原则，任何一个科研人员和企业家都不应该为了金钱和效益而违背这个原则。

当今市场中，常见一些产品的模样变化，小个变成了特大个，如超大茄子，超长丝瓜，超大南瓜等。但茄子没有原来的茄子味，丝瓜没有原来的丝瓜甜，这种改良究竟有何意义？也可以说是对原生态优良产品品质的破坏，更是对人类自身生活的不负责任。广大消费者只有叹息，没有开心和赞语。

当今食品市场出现的局面，广大消费者早已忧心忡忡。希望从事食品创新和改良的科技人员及生产企业以优质为首要目标。更希望广大农民拿出原有的看家本领，遵循大自然特有的生态种养规律，精心培植人们久违的优秀品质食品，使其畅销国内外市场，并受到市场的永久宠爱。为康复农业的“造血功能”推出一架长久适用的“造血机”。

7. 以“土”竞“洋”赢得国际竞争优势

土，历史以来多数时候当成贬义词使用。老土、土老帽、土得掉渣、土得出奇，云云。尤其是年轻人，最怕别人说自己土气。其实土的本质是十分可贵的。在现代生活中，土代表了原始、传统、天然、纯真，泥土芬芳就说明“土”同样有美名，尤其在现代饮食中，“土”已成为人类的最高享受。土鸡、土鸭、土菜在市场和餐饮业中最受顾客欢迎。

当人们经历了现代种养殖业中饲料添加剂和农药化肥出现的安全威胁问题后，已清醒地体验到了真正的营养品和美味，只能来自天然的生长。

在现代市场经济的国际化竞争中，我们根据自己的实际，特别是全国各地千差万别的具体情况和独特优势，采取“散小连片，规模经营，土中有特，以土竞洋”的经营战略，同样可以作出大产业，实现我国农业健康发展。

因为现代农业大产业，在很大程度上是以机械化和人类科技配方为基础的大产业。与传统原始的天然产业有着本质的区别。其核心差距就在于现代高科技农业归根到底仍是人类对自然规律的修正。即通过科研专家对某一事物生长各要素的考察研究和试验过程，发现该事物新的组合规律，并引入生产体系。毫无疑问，科技是人类改造自然的有力武器。但鉴于食品物质的特殊性，科技对食品的改造又存在很大局限性。只要我们深入想一想就会明白。人们采用科技手段对食品进行优化质量和效益的配方，绝对不可能达到宇宙中万物形成的综合物质能量。

原因很简单，人们虽然可以采用世界当今最科学的配方培植食品，但无论多科学的配方，都替代不了太阳、月亮、风、雨、冰霜等宇宙中一切天体运动所产生的物质能量，替代不了这种宇宙中综合物质能量与地球自身各种元素相融会而供给动、植物天然生长的母乳。因为这是一种天体配方或宇宙间自然形成的优质配方，是超出人类智慧认识的配方，是任何其他配方无法替代的。虽然今天的科学技术已十分发达，但人类远远没有达到对世界万事万物认知的终点。

由此，在大自然中，在阳光雨露中生长的动、植物，其品质绝对是人们采用科技手段无法做到的，不但口味大有差别，而且品质也会存在一定距离。这是特别值得社会引起高度重视的一个客观事实。

可以说，天然就是人类生命的本质。因为人类本身就是大自然中地球孕育的生命。地球母亲提供给人类食用的动植物就是母亲的乳汁，是支撑人类延续生命的基本物质。我们坚信，这一“扬弃式现代农业”模式，必然会引起全社会的共鸣，包括国际社会的共鸣。因为许多国家都进口中国食品，在当今机械化大生产时代，各国朋友能品尝到中国“扬弃式”纯天然食品，应该是比什么都珍贵。虽然不是历史神话典故中传说的能“吃上唐僧肉将长生不老”，但其品质绝对高于现代科技改良食品。不仅安全、优质、营养，而且是人们品位生活、倡导健康、延年益寿的有效物质支撑和人类食品中最珍贵的瑰宝，必然赢得广大消费者的青睐，为农业打开新的局面，并创造出超越历史的产业效益。

六 让社会给天然食品提升价值地位

随着党中央、国务院对食品安全和质量的高度重视以及检测手段的科学化程度不断进步与提升，国家职能部门也不断在加大管理力度。我国广大消费者对食品品质的认知和关注，也已到了非常理智的程度。

1. 人们已清醒地认识到食品中残留有害物对人体健康的影响和伤害。包括养殖业中的有害添加剂饲料，种植业中的农药化肥，产品加工业过程中增加的有害染色素，特别是催生快长的生物技术性手段对食品营养和品质的改良所带来的新问题等。

从观念上完全认识到了原生态食品品质的可贵。明白了食品优劣与人体健康的特别关系。优质食品是支撑人类健康的第一要素，这一观念已成为广大消费者的普遍共识。要想活得健康长寿，必须严格把好饮食食品品质这一关。

2. 人们为了健康愿意为生产者承受相应的品质价值。德清源的鸡蛋卖到了一元钱一个，而普通的鸡蛋只卖 4 角钱一个。江西一位姓姜的先生在青年路商场门口专销柴鸡，每公斤价格 32 元，比普通鸡高出一倍多。2007 年 7 月财富杂志报道，日本宫城县大米每 2 公斤 188 元的高价在北京、上海出售同样受市场青睐。2009 年 10 月 30 日中央电视台 7 频道报道，山东一农民养黑猪，由于猪肉味美质高，每公斤卖到 80 元还供不应求。贵州省天水县李勇，大学毕业后在广东工作，偶然机会得到养竹鼠的信息，他辞去工作回到贵州农村，养出的竹鼠卖到 160 元 1 公斤，每只 3 公斤可卖近 500 元，成本才 50 元，现称竹鼠大王，并带动了 100 户农民养竹鼠致富。2009 年 9 月 18 日北京电视台生活栏目报道，京白梨卖到 120 元 1 公斤成为抢手货。北京许多爱吃湘菜的居民都知道，千岛湖的鱼头在北京大望路毛家饭店卖出近500元一份，居然是就餐者必点的首选菜。

可见，相当部分消费者为了健康和口味，已不会太多地顾忌价格的差别了。还有北京的许多餐馆报名的清炖土鸡，普遍高出笼养鸡一倍的价位出售，同样成为抢手货。

因此，农户特有的天然品牌鸡、鸭、鹅、猪、鱼、虾等和完全不使用化肥的露天蔬菜，其特殊品质将赢得相应高额的市场价格，农民的产出价值将直接发生巨大变化，成为康复农业“造血功能”的核心途径之一。

3. 产品需要社会力量导航。在社会生活中，任何一个好的产品，离不开社会的推介。这里说的推介，并不是狭义的推销，而是广义的介绍和引导，特别是对人们消费观念的导向。

人们的消费观念是决定市场对产品青睐或排斥的主要因素。在这方面，有三点值得政府部门引起重视。

(1) 我国经过30多年的改革开放，社会经济已得到了空前发展，人们生活水平已大大提高，温饱问题已基本得到解决，广大消费者已有条件讲究生活质量，特别是直接影响人类身体健康的饮食质量。

(2) 人们经历了从市场的物资贫乏被动消费阶段，到物资丰富的盲目消费阶段，再到近些年的理性消费阶段等三个阶段后的今天，对食品认知的主要原则：首先是安全健康；其次是营养和口感。

然而，广大消费者自己是很难作出鉴别的，因为他们不具备鉴别手段，单个消费者也不可能每天都去作所需食品的检测，只能通过社会，即通过政府相关部门来实现这个能够找到依据认知的目的。这就是社会的推介或社会导向。

2007年，湖南媒体介绍红薯的营养成分对人体健康十分有益，一度红薯成了市场的畅销品。2008年，作为走俏市场的三鹿奶粉，经国家职能部门的检测含有对人体有害的三聚氰胺，中央媒体披露后，立即成为人们唾弃的有害物质，使之避免了更多无辜者深受其害。

（3）事实证明，社会的推介就是责任的导向。

近年来，政府职能部门加强食品监管，不定期的曝光下架有害食品，充分体现了党和政府对人们健康的高度重视，起到了至关重要的导向作用。关于添加剂进入饲养行业以来，确实给商家和企业带来了巨大的经济效益，并成就了不少千万、亿万富翁。然而也为人类健康埋下了深深的祸根，特别是青少年或儿童的肥胖症，不少专家已提醒与添加剂饲料养殖有关。

虽然相关专家一直在努力改善添加剂的成分和调整其配方，检测部门也作出鉴定，表明笼养的禽类基本具备应有的营养成分。国外科技行业也在做深入探讨和采用更先进的配方。但有一点是无法改变的，那就是笼养不可能达到农家放养、不用饲料、并融宇宙万物能量母乳为一体的肉类品质。

因为科学技术也是一个不断发展的过程，谁也不能说今天的科技十分发达，已到了认知世界和事物本质的终点。可以肯定，迄今为止，对于食品内部成分，我们可能还有不少未知的要素，绝不能说已达到全知程度，因为自然世界仍有太多太多的奥妙人类处于未知状态。这是人类健康中必须高度重视的一个问题，并应引起广泛关注的观点。

七 专家在解困我国农业中的特殊地位

专家，是社会生活中的特殊群体，是创新社会生活的主要力量之一。被称之专家者，不仅学识渊博，专业基础知识扎实，而且在某一领域具有较深的研究或已获得相当的科研成果。

1. 专家具备的三个特点

一是专门从事某一领域或某一学科的研究

绝大多数专家都把一生的时间和心血全部投放于本专业的研究之中，视专业研究成果如生命，为了自身的专项事业甚至不顾牺牲一切。

二是专家对自身从事的研究领域其事物观察敏锐细腻

对该事物发展的相关因素了解至深，常常能提出超出一般人的独特见解。

三是在社会生活中专家是解困事物发展难题的主体

专家判断事物取舍的标准是客观规律，克服主观臆断是专家研究问题的基本原则，也是专家处事的个性特征。

正因为专家有上述与众不同的特征，他们才会成为创新社会生活的主体力量，是推动人类文明与社会进步的活源头，更是推动人类历史从野蛮向文明过度的功勋者。

尊重专家的劳动，就是尊重科学。人类历史上所有的创造发明，基本都是出自专家的辛勤劳动。世界上任何一项大的社会变革，都是因为专家的劳动所产生的科研成果应用于社会生活，从而推动了生产力的变革而带动了社会变革。

近代历史由工业化时代进入电子时代，由电子时代发展到信息时代，都是来自专家们在科学技术领域取得的重大科研成果应用于生产，推动了生产力的变革及社会生活的变化。历史发展到今天，已是一个高科技充满世界各个领域的时代。科技的创造发明源于专家的科学研究。同样，科技的推广和普及也离不开专家的帮助和指导。

21世纪中国的城镇化建设，是一场震撼中国与世界的伟大变革，是我们党领导社会主义建设事业一个全新的里程碑。专家作为一个特殊的知识群体，在这场伟大“战役”中无疑承担着极其重要的历史性职责或责任。这是中国乡村历史发展的必然需求，也是时代赋予专家们的光荣使命。

2. 专家是各级政府的高参

我们可以肯定，地方政府官员与20世纪特别是80年代前的地方政府官员相比，其文化水平和相关素质有了很大的提高。

同时，官员们的政策水平，决策能力，对事物的敏感度，分析问题和解决问题的方法以及驾驭社会的能力等等，都有了历史性的进步和改观。经过长时期的调整、充实、培训，基本实现了干部队伍现代化。

①时代对政府官员提出了更高要求

随着改革开放的不断深入，经济的快速发展，时代对政府官员的要求也同样发生了根本变化。“为官一任，造福一方”已成为当今社会地方政府执政主流。

造福二字，内涵至深。简言之，社会安定，人民幸福。但要实现这两句话，可不是一件太容易的事。要实现社会安定，必须要有治理社会的良策和实现社会安定的前提条件；要实现人民幸福，就必须具备丰厚的物质基础和优美的人居环境以及和谐的社会关系。

这种美好蓝图的实现，无疑需要付出艰辛的努力。作为政府官员，面对现存复杂的社会矛盾和问题，主要时间和精力都用于在处理大量的日常事物性工作中，很难静下心来，仔细调查研究当地的具体发展思路。加上受工作条件局限，存于脑海的信息也相对有限，凭着平时的工作体验决策地方整体发展框架和一些重大项目的取舍，特别需要专家的相助。

②邀请专家助政是对党和人民高度负责的重要举措

自古以来，成大业者均为善于借脑。历史上的刘备时刻离不开诸葛亮；越王勾践许多韬略来自范蠡；当代航天专家钱学森，为中国的航天事业铺垫了良好基础；闻名天下的三峡工程，都是专家们反复论证的决策。今天的新农村建设，同样是一个历史性战役，专家是这场战役的重要角色。借助专家的专业知识和综合智商，是政府解困农业的最佳选择。

③发动专家联手会诊中国农业

新中国成立以来，大批涉农专家，已把毕生精力和时间都投入在调查研究解决“三农”问题中，对中国农村的发展走什么道路和途径最有发言权。在今天我国城镇化建设的伟大事业中，充分利用和发挥专家的特殊作用，发动专家会诊农业，是党和人民事业的迫切需要，必然获得良好的社会效果。

3. 特殊地位决定特殊使命

回眸社会发展历史，我们可以清楚地看到，每一次的社会进步、每一项社会改革、每一种生产方式的改变、每一项技术改造、每一种新的理论出台等等，都是专家付出的心血和汗水所产生的成果。是他们的劳动，不断地给人类社会创造崭新亮点，给历史增添光彩夺目的全新篇章。

①专家是所有科学技术创新发展的历史承担者

过去是这样，现在是这样，将来还是这样。我们生息的这个社会之所以能快速发展，本来就离不开专家的奉献。他们孜孜不倦地研究探讨，破解自然规律的奥秘，获取人类把握自然驾驭自然的能力，从而指导人们不断地利用所获科研成果改造自然，改变生存环境，推动生产力的发展，最终推动社会的发展进步，这是社会历史从低级走上高级进化的自然规律和必由之路。

②专家是任何一项科学技术成果的鉴别者

古今中外，任何一项新发明、新的技术改造，都得通过专家的鉴别和确认。离开专家的评鉴，其创造发明就很难得到社会认可。

今天，我国广大农村尚有许许多多的地方特优产品，其质量、营养、口感等都十分优秀。但又没有得到市场的认可或者在普通产品价格的同一档次进入市场，这是最大的遗憾。

改变这一状况，只能通过专家对其作出鉴定，拿出权威性检测依据向社会公布，才能得到消费者的认可和青睐。由此，专家对于品牌的确立有着决定性作用。

③专家是人类社会进步发展的潜在生产力

我们已认可科学技术就是生产力，那么科学技术的创造者——专家群体应该就是潜在的生产力。

事实上，无论是自然科学领域的专家还是社会科学领域的专家，都具有推动社会发展的巨大潜力。我国20世纪80年代，专家们在推进改变计划经济体制，建立中国特色社会主义市场经济体系过程中付出了巨大心血，大大解放了社会生产力，加速了我国经济的发展。

当代中国农村，经过30余年的改革开放，已发生了翻天覆地的巨大变化。然而，中国农村地域辽阔，幅员广大，历史的原因，东西部，南北方存在的差距仍非常大。落后的一个重要原因，是农民在土地耕作中，产出费用高，获得利益小，多数农民困惑在其恶性循环中不能自拔。

近些年，绝大多数农民随着社会导向的推动，把改变自己命运的希望寄托于向城市转移。这一主流，使得农业的困境仍然没有太多改变。面对这一严峻事实，发挥专家的智商，让他们仔细考察农村的山山水水和良田沃土，必然会引发他们的诸多新思路，为我国各地的农业推敲出全新的发展战略。

④专家们早已作好“会诊”中国农业的准备

在专家们看来，好不容易终于等到了全面研究解决农村问题的时候了。今天，党和政府关心农村，下大力气改变农村的现状，可以说，我们已经真实地看到了中国农村的光辉前景，一个欣欣向荣的现代农村蓝图已在世人的脑际里浮现！

专家们在这种特殊的年代里，震撼的心怎么能够平静。可以肯定，他们面对乡村春天到来的时刻，已有太多太多的思考和准备，他们希望亲眼目睹中国农村普遍走上富裕的道路，彻底消灭城乡差别，农业成为充满希望和美好前景的朝阳产业，广大农民成为小康社会的建设者和享受者。

他们希望社会彻底改变一个传统观念，实现农民在社会地位、人生权力、人格观念上的真正平等。在任何地方、任何环境、任何场合不受歧视和委屈，处处受到尊重。他们希望农民兄弟看清大好形势，在千千万万专家学者的帮助下，快速改变传统耕作，抓住机遇，大胆创新，走上一条快速致富的康庄大道。

他们希望各级地方政府当好城镇化建设的主导者、支持者、投入者、组织者。不搞形象工程，不搞强迫命令，一切从实际出发，实事求是，精益求精，在城镇化建设的伟大事业中成功塑造地方政府的高大形象。

他们希望社会各界都来支持城镇化建设。中国城市的发展，中国现代化建设，农民兄弟作出了巨大的历史性贡献，千秋功绩不可磨灭。今天，历史的发展已到了城市反哺农村，工业反哺农业的关键时刻了。希望全社会都能伸出援助之手，共同为中国农村的巨变发出光和热。

他们希望寻找到合适的舞台，把自己涉农、为农、研究“三农”的切身体验变成一股强大的动力，奉献于中国城镇化建设，实现终生深藏心底的梦想，为共绘新农村的壮丽蓝图而努力。

我国的城镇化建设，必然涉及现代科技、信息，现代管理方略，现代流通领域，现代镇舍建设，现代道路修缮，现代生活布局等，这些现代化的构思和实施，离不开专家们的集中会诊。

我们坚信这些专家有能力、有条件为中国农村历史性巨变开创奇迹般的新思路。

4. 城镇化建设有待专家破题

①涉农专家责任重大

我国的涉农专家，一般都是长时期在农村做调查研究，风里来，雨里去，对中国农村的发展历史和农民的现状了如指掌。推进城镇化建设，广大农民怎么想，农民准备如何投入，农民有多大的承受能力，农民希望政府如何主导，农民最怕出现哪种状况，等等，在他们心目中，早有一本清清楚楚的明细账。他们在长时间的调查中踏遍了我国的大江南北，从四季如春一年三次稻熟飘香的海南热土地到大豆高粱麦浪如海陶醉金秋的北国农庄；从东部水乡富饶沃土农村经济飞速发展的喜人景象到西部山区黄土高坡困扰农业发展的窘迫状况，一概历历在目，永远存入了他们的脑海，成为21世纪考究中国农村发展的活辞海，为系统研究农村城镇化建设的重大现实问题做好了充分的前期素材或资料准备。

②专家如同身怀绝技

我国专家绝大多数都是多年从事理论研究的能手。他们中有的人一直就职在国家部委或省（市、区）厅局的研究部门从事专业研究工作；有的既在领导岗位又从事科研，比较熟悉掌握了研究方法和具备了必要的理论基础，更能把握自然规律，更富于决策的大智慧。他们中的不少人，过去已获得了较多的科研成果，甚至为中央和省市政府制定政策提供过重要的理论依据。当他们全心开展城镇化建设相关问题研究时，自然是轻车熟路，快马加鞭，容易切入主题，点中要害，在拓宽城镇化建设的有效途径时显示出他们的独特能量。由此，充分发挥专家的资源优势，挖掘他们智慧宝库中的无限财富，用于我国城镇化建设的伟大事业，让其在时代舞台上放射出更为奇异的光彩，是我们不可忽视的重要工作！

③经历就是专家的财富

我国的涉农专家多数出生于农村，对农村有着深厚感情。他们多数人对中国农村的发展历史作过系统研究，对中国农村在左的思潮影响下出现的贫困状况清清楚楚。

改革开放以来，中国农村逐步踏入市场经济所出现的可喜局面，他们更是亲身经历，有的政策就出于他们的手中。他们甚至亲自参与了20世纪末中国农村波澜壮阔的经济体制改革，共同探讨过改革风口浪尖上出现的热点问题。面对当前中国农村存在诸多困惑的状况，他们心中一直在思考如何从战略上突破的强烈愿望，这种愿望是对中国农村的深厚感情融化于沸腾的热血之中而产生的真诚愿望，是为振兴中华民族深怀伟大抱负的愿望，是党的优秀儿女一生执著追求的愿望！

我国相当部分专家，长期在中央机关或省（市）党政机关，甚至是中央核心权力机关从事领导工作或研究工作。出于工作需要，他们对中央的惠农政策和国家其他宏观政策的制订前提、考虑因素、需要照顾的层面、必须注意的问题以及决策的程序等都十分熟悉，早已知道规则和方式，完全有条件在城镇化建设的理论研究领域快速产生出指导性的科研成果，发挥不可估量的积极影响作用。

④我国专家始终保持了艰苦朴实的工作作风

专家们那颗燃烧的心永远不会泯灭。为了改变中国九亿农民的命运，为了描绘中国乡村的壮丽蓝图，为了我们党带领全国人民走向富裕的明天，他们今天会以主人翁的姿态，全心投入我国城镇化建设的伟大事业之中。常见他们深邃的眼神中透露出一种强烈切盼成功的目光，他们特别希望中国城镇化建设比韩国的“新村运动”力度更大，速度更快，效果更好。

我清楚地记得，2006年秋一次农村问题专家座谈会出现的特别气氛，数十位专家谈起解决农村问题的热情奔放，感慨万千。

在人生的旅途上，他们多数人都是某一领域或学科的带头人。在生命旅程中，他们承担过多少风风火火报效祖国的领航事业，有过多少硕果累累的成就和激动人心的场面。

而今，他们虽然事业有成，但他们关注中国农村社会发展，对广大农民那份真挚的情感永远不会改变。在我国城镇化建设的伟大事业中，他们仍然是相关领域进步发展的原创者或推动者。

他们脑海里整天被中国农村发展滞后的情景困惑，他们除了睡觉，三餐之余脑海中时常浮现出农田中一个个忙碌弯曲的身影和汗流浃背的作业农户；浮现出山坡上一双双喘着粗气抬着木头艰难移动的伐木者；浮现出深山僻远处一栋栋矮小破旧的乡间民宅；浮现出山冲库尾一条条行走艰难的乡间小道；还有那些贫困乡村部分村民想象不到的愚昧，他们心中时常被这些贫困落后的情景撞击得倒海翻江式的思考、探讨和深究！

也许再过20年，人们可能不会为他们的举动而感慨。可是在今天，他们的举措就是时代的最强音！

⑤让专家为农民的“金饭碗”效能提速

在我国广大农村，农民优秀的传统种养业之所以步入了困惑的境况，除了消费者观念被误导一段时期外，农民自身素质存在的缺陷也是重要原因之一。目前要使这只闲置多年的“金饭碗”恢复应有的功能，必须发挥专家相助的一臂之力。

一是依靠专家系统培训广大农民对种养殖业防病治病的实际操作技能，凡是家庭确定负责种养业的成员，必须接受专家的定期培训，确保生产过程中不因技能问题造成其损失。

二是确定专家有计划地下到农户家，有时段性地进行检查和相关指导，避免种养过程中出现的不该蔓延的问题，使之产业顺利发展。

三是建立专家联络制或值班制。农户遇到生产中的突发事件或疑难问题，随时可与值班专家取得联系，在专家的帮助下，及时克服困难解除风险。

四是发动数万专家为全国农村号脉。

第一步对全国乡村土地、气温、雨水、光照等自然条件作出精确鉴定；

第二步对不同生态环境的区域产业类别进行论证和规划；

第三步指导实施规划。

在这里，我们必须坚定一个信念，有我们党和政府号召专家相助，广大专家就一定能在种养业健康发展的特殊领域中发挥重要的保障作用。

近些年来，各级政府早已注意到了专家在推进我国社会主义建设中的巨大潜力。不少地方把邀请专家调查研究作为当地寻求农村发展良策的有效途径。

历史将作出验证，中国当代城镇化建设的丰功金榜上自然少不了专家们的尊姓大名稀罕的点缀，并与时代的创业者齐辉！

八 让社会给护农专家创建良好的激励机制

任何一项事业的推进和发展，首先必须具有相应的内在驱动力量。而驱动力的形成，是通过一种机制来实现的。这种机制以相关政策和制度为基础，经过相关社会组织或政府相关部门的组织实施，使其政策和制度得以落实和兑现。让参与这项事业的人们实现个人价值和意愿目标，从而使他们投入这项事业的心理动因进一步得到升华，产生积极主动的心态不断地为之努力。这种积极主动的心态，虽然表现在参与本项事业的每个人身上，但实际是针对某项事业的发展，制订实施了一种有效机制使之产生了一种相应的内在驱动力。这种驱动力因为来源于某种机制的内在因素的本质表现，因此，只要这个机制长期存在并处于正常状态，其驱动力就会长期发挥效力，并有力地推动某项事业的进步与发展。

既然现代农业的科技创新已现实地承担着农业基本出路的重担。为此，尽快建立与其相适应的科研平台，在开辟多种科研途径的基础上，建立和完善科技创新相应的激励机制，理所当然地成为了解决农业出路问题的关键部位之一。根据目前我国农业科技创新的现状，建立一套有效的激励机制需要从六个方面把握构成要素：

(1) 有利于充分调动科技人员面向现代农业各个领域开展科技创新的积极性，更广泛地吸纳热衷现代农业相关科技人员参与这项划时代意义的事业，发挥他们的聪明才智，为农业现代化奉献力量。

(2) 有利于财政保障激励机制所需经费，更好地发挥政府在这项事业中的主导作用。

(3) 有利于延续国家已有的科技创新激励政策，并与国家其他经济政策不相矛盾，使新的激励机制在现代农业科技创新中显示出强有力的推动作用。

(4) 有利于主管部门特别是乡村基层实施操作，并为操作者赋予相应的权威，确保操作方便、规范、顺畅、有效，在操作中扩大宣传，发现典型，及时推广。

(5) 有利于激励机制的稳定和发展，在相对稳定的同时，也能设计灵活之处，以致随着社会经济生活的发展变化，适时进行调整，保持机制的旺盛生命力。

(6) 有利于调动企业家和社会其他有志于现代农业的相关人士参加农业科技创新，发挥社会力量，推进现代农业的发展。

在建立激励机制的同时，要建立科研机构目标责任制，理顺农业科技创新的管理体制。

我国的农业科技创新，是提升我国现代农业格局的紧迫任务，政府在搭建科研平台、扩充科技人员队伍和建立激励机制的基础上，还必须建立一套有利于充分发挥科技人员研究创新积极性的管理体制。

通过良好的激励机制和科学的管理体制，确保广大科研人员成为推动农村科技创新的真正主导者。

九　政府为增强农业“造血功能”保驾护航

随着市场经济体系的逐步建立和发展，我国各级政府的职能已发生了重要变化。“服务型”政府的理念，已成为当今政府职能转变的主流。

根据政府工作的职能范围和康复农业“造血功能”的需求，建议政府主要应在五个方面做好服务。

(1) 对广大农民产出的优秀品质产品，建议政府应通过适当形式给广大消费者以积极的引导。主流新闻媒体向社会做适当宣传。

(2) 建议从政策层面上调动广大涉农专家投入康复农业“造血功能”的事业，有计划地组织一定数量的专家定时完成广大农民的科技培训，随时帮助农户解决种养业中遇到的各种疑难问题，确保农民的种养殖业不因科技问题而遭受损失。

(3) 建议在稳定粮食价格保证人们吃饭问题不出风险的前提下，从政策上鼓励其他农副产品特别是养殖产品以优良品质参与市场的价格竞争。也和工业产品一样，以质定价，上不封顶，帮助农民以优质劳动成果获取良好经济效益。

(4) 建议政府，特别是基层政府帮助农民疏通优良品质产品的销售渠道，这是政府服务农民最实际的一项支持和帮助。广大农民受社会交往层面和范围的局限，他们自己很难解决销售渠道问题，迫切需要各级政府给予支持。从现实情况看，政府具备的社交优势完全有条件做好这项服务，尤其是县（市）乡（镇）两级政府，从关系上最贴近农民，更有理由应为农民力解这一难题，为扭转农业的困境多做农民需要政府帮助的实际工作。

（5）为农户解决生产起步资金困难。近年来，农村已有部分农民力求发展产业，但多因起步资金困难而止步。建议政府从相关农村建设资金中拿出适当数额，支持解决农户产业起步资金问题，或协调金融系统出台普遍适应农户的小额农业贷款政策，这是对农村发展最实际有效的支持，更是对康复农村“造血功能”最具实际意义的举措。

第八章　发挥舆论优势进行食品革命大讨论

胡锦涛主席指出：“食品安全关系广大人民群众身体健康和生命安全。实施农业标准化，实现从农田到餐桌全程质量控制，对保障食品安全至关重要”。

“必须树立全程监督理念，坚持预防为主，源头治理的工作思路”。“努力建立健全保障食品安全的长效机制”。①

珍惜生命、保护健康是人类社会的永恒主题，是时代不可延缓的重要任务。在这个世界上，人类的一切活动在很大程度上都是为了人类自身的健康和生命。由此，当人类的健康和生命受到极大威胁时，社会管理者应毫不犹豫地采取最有效的手段去解决。

20世纪90年代以来，食品健康与安全问题对人类的威胁，就已引起了全社会的广泛关注。

一　食品安全事件已严重威胁人类健康

近些年，食品安全事故接连不断地发生，使人们心理产生了一种挥之不去的疑虑。尤其自“三鹿奶粉事件”曝光以后，人们的这种担忧又蒙上了一层阴影。

---

① 胡锦涛：《以对人民群众高度负责的精神做好农业标准化和食品安全工作》，《人民日报》，2007年4月25日。

通常看来，像“三鹿”这样的大品牌，应该是百分之百信得过的，万万没想到，这么大的名牌产品也会出现如此严重的质量问题，一下让人们对名牌的信誉打上一个大问号。

现在人谈起食品，已不知道什么东西才是安全、健康食品，真不知道吃什么好，产生了怀疑一切的心态。

产生这种心态的根源，就在于现阶段食品中，确实存在大量的安全隐患，让人们无法挥去心中的困惑。

著名农村问题专家、国务院发展研究中心农村部韩俊副主任在《中国农村调查》一书中分析：中国每年食物中毒报告例数约为2万～4万人，但专家估计这个数字尚不到实际发生数的1/10，也就是说中国每年食物中毒例数至少在20万～40万人。2003年卫生部共收到全国重大食物中毒事件报告379起，12876人中毒，323人死亡。与2002年比较，重大食物中毒的报告起数，中毒人数、死亡人数分别增加了196.1%，80.7%，134.1%。①

从引起中毒事件的种类分析，以肉和肉制品以及水产品引起的食物中毒最多。肉和肉制品为21.88%；其次为水产品占10.11%。

同时，使用有毒有害物质生产和加工食品以及超量使用食品添加剂的现象仍然比较严重。

近几年来，我国发生多起“瘦肉精”中毒事件。特别严重的是，2001年11月7日在广东省河源市发生含“瘦肉精”猪肉导致400多名群众集体中毒的特大恶性事件；2006年出现河北“红心鸭蛋”和“多宝鱼”事件。“十五”期间，全国累计报告猪肉产品中“瘦肉精”引发的中毒事件20起，中毒人数超过1400人，影响很大。②

随着饲料工业的蓬勃发展，饲料安全问题却成了公众广泛关注

---

① 韩俊：《中国农村调查》，中国发展出版社2009年版，第835～836页。

② 张力庠：《中国饲料经济与管理研究》，中国经济出版社2007年版，第4～5页。

的焦点。目前，中国食品安全的研究多集中于食品企业的认证，流通环节的检验检测。而对于如何切断产生有毒食品的毒源问题却缺乏有力的措施。

食品的安全和健康问题，本来都是人为造成的。主要是一些商家为了追求经济效益，人为地改变动植物的生长规律，特别是有害添加剂和一些改变动植物生长时效的药物性物质严重污染了动植物的体质，把一种本来属于健康本原的物质改变成了有害物质，造成严重威胁人类健康的后果。

根据业内专家张利庠博士分析，饲料产品的质量安全问题主要有以下几个特点：

1. 不易发现的隐蔽性

在现阶段，由于相关部门技术手段的局限，一些饲料物质在投入使用之初，其危害性难以发现。对一些物质的毒素，利用常规的检测方法不能进行有效鉴别。而一般情况下，饲料产品或物质的危害性并不能通过观察饲养动物被人们及时发现。因此，影响饲料安全的各种因素往往是在不为人所知的情况下进入养殖产品，并通过养殖产品转移到人体内危害人类健康的。

2. 难以消除的长期性

现阶段饲料安全问题不仅存在于大型养殖场所，同时也存在一些使用饲料的小户散养中，虽然通过加强监督会减小危害发生的程度，但要想基本解决却不现实，因为只要有饲料中的毒素存在，伤害人类健康的事实就会长期存在。其次有毒、有害物质直接污染环境或在人体内蓄积，所造成的影响也是长期的，对环境的污染治理需要几十年甚至几百年。

3. 很难避免的复杂性

从不同企业生产的饲料产品分析不安全因素众多，而且复杂多变。人为因素、客观因素、偶然因素、长期积累因素等各种因素纠缠在一起形成错综复杂的综合因素。因此，在已有的问题逐步得到解决的同时，新的问题会不断出现。①

二　发起食品革命的必然性和必要性

面对食品产业中存在的突出安全问题，而且是直接威胁人类健康生命的问题，社会应该作出理性而快速的反映和对策。

通过这场大讨论，促使相关部门毫不犹豫地进行更科学的探讨，以改变这种恶劣状态。不少商家这样叹息，现在这些食品生产部门为了钱都发疯了，不管消费者的死活了。可见，社会的担忧和憎恨已到了无法容忍的地步了。在这个前提下，发起一场食品革命，无疑会得到全国人民的热烈拥护，得到世界各国的普遍支持。因为这是长期以来人类共同困惑的大事，关系到国家的安定，人民的安危，是构建和谐社会和健康时代的主旋律。

（1）我们绝不能眼睁睁地看着一代又一代的青少年通过食用有害食品而催生出一个肥胖的身子，甚至畸形儿。

（2）我们绝不能以牺牲人们的健康来换取快速增长的经济效益。

（3）饲料添加剂产业问世不过20余年，实践证明，目前这一产业中的部分有害饲料添加剂给社会特别是给人类造成的危害，已使人们到了恐慌的地步，应该果断制止有害物质的流传，探讨更科学的产品配方。我们这一代人受害了，应该深刻吸取教训，不能让下代再受其害。

发起这场食品革命，旨在通过社会的力量，敦促相关部门从源头上切断有害物质进入养殖业，同时推动广大农民恢复传统原生态

---

① 张力庠：《中国饲料经济与管理研究》，中国经济出版社2007年版，第198～199页。

养殖业，使现代农业形成全新格局。

发起这场食品革命的主要步骤

1. 通过媒体力量彻底转变人们观念

（1）建议以专家名义在相关媒体发表文章为契机，新闻媒体联手组织一次全社会参与的“当代食品革命”大讨论。

（2）通过社会各界的力量，真正把食品领域出现的问题、原因、危害、治理办法等从观念上，从理论上，从实践上，法治上彻底弄清楚。

（3）让食品生产行业加强自身职业道德修养，明白所从事职业责任重大，严格遵守《食品安全法》。

（4）让相关主管部门和职能机构认清自己的职业特性，从而真正承担起亿万人民赋予的神圣责任，严格执法。

（5）让广大人民群众获得安全食品的社会环境和加强自身保护意识。

2. 严格加强食品安全监管

建议由相关部门组织食品领域专家团队，对现有食品进行一次系统检测鉴定，根据《食品安全法》提出的科学生产标准和要求，对违规严重的有害食品种类，呼吁管理部门进行整治，严控垃圾食品、有害食品进入消费市场。

3. 建议制订和完善食品质量监管体系

依据《食品安全法》重点应对可能制造有害有毒食品的源头进行有效监督，并形成系统监督的科学体系，确保食品生产领域的质量可靠性。与此同时，并对配制药方和饲料添加剂导致有害食品产生的责任人追究刑事责任。这种责任从性质上与有意谋害他人罪没有本质区别，甚至有过之而无不及，因为一旦发生中毒事件，涉及受害人之多，影响之大，令人深恶痛绝，社会对这类犯罪应该从严治理。

三　发起食品革命的有利条件

当前，党和国家十分重视食品安全。自 20 世纪 90 年代以来，面对社会频繁出现的食品安全事故以及这类问题危及广大人民身体健康和生命安危的现实，党中央、国务院已多次作出批示，并纳入了每年初“两会”期间的提案。同时责令相关部门采取了一系列整治措施。这一社会背景，决定了当前发起这场食品安全保护工作，将成为国家整治食品安全问题的相助举措。因此，为了人类自身，为了人民的体魄健康长寿，为了社会的文明进步，呼吁相关专家和媒体抓住良机，在城镇化建设这一伟大进程中，发起这场划时代意义的食品革命，这场造福人类，功在千秋的伟大革命！

1. 时代具备了食品革命的物质条件

我国经过 30 余年的改革，生产已得到极大发展，社会物资已空前丰富，人们的温饱问题已基本解决，从社会物资基础上具备了发动食品革命的前提条件。

2. 人们的认知已达到高度一致

随着科学技术的发展和生活水平的提高，人们越来越认识到了食品质量制约人类健康长寿的重要关系，愿意花钱买健康已成为人们的主流生活观念。这就从消费观念上奠定了食品革命的基础。

3. 消费者渴望食品革命

随着生产的快速发展和人们经济状况的逐步改善，人们有条件讲究高品质的生活，经济条件比较宽裕的居民阶层，早已各自努力在寻找健康食品的渠道，以保护自己的身体不受有毒食品的伤害。这些人群的自发现象为发起这场食品革命打下了良好的舆论基础。

4. 大自然的运动为食品革命提供理论支撑

从微观的角度说，人类对于物质的分解和认识永远达不到终点。

从宏观的角度说，人类对于宇宙的分解和认识也永远达不到终点。

人类通过智慧和实践，可以逐步认识自然，改造自然，包括可以改变植物的生长速度，改变动物的生长时速，可以利用物质运动的规律造出枪炮，造出原子弹，造出卫星上天，乃至可以改造风，改造雨。但宇宙间的运动变化，人类不可能全知。世界上的任何一种在大自然中成长的动物和植物与笼养动物以及棚种的植物相比，两者各自吸取的能量是截然不同的，它们的品质必然有着重要区别。人工创新培植的食品与天然生长的食品永远不在一个档次上。客观现实为发动食品革命准备了依据。

5. 人们深恶痛绝有害食品流入市场

社会各界对有害食品流入市场，使人类健康造成的危害和威胁，已引起了强烈不满，甚至深恶痛绝。人们早就盼望党和政府严厉打击这类直接伤害人类自身健康的犯罪行为，如同全国人民手中共同举起了棍棒打击过街老鼠一样，只要社会有人号召，立即会赢得广大人民的广泛参与使之如潮水般推进。

6. 将赢得主管部门大力支持

相关部门在近些年打击有害食品的过程中深深感到，这件涉及数千万个生产基地，分布于全国 30 多个省市2000多个县市区域，日日夜夜，时时刻刻，不停产出的食物产品，单靠职能部门有限的人手去抓去管，就像救火队一样实有力不从心之势。这么一件涉及人类健康和生死攸关的大事，迫切需要一场声势浩大的社会革命，造成一个时代的最强音，形成最重大的国策行动，方可有效地改变国民担忧的现状。

四　功在千秋的重举意义深远

从客观上讲，这场划时代意义的“食品革命”，已到了万事俱备，只欠东风的时刻了。只要专家们和媒体一声主导，全国立即会掀起轰轰烈烈的全社会参与的群众性运动。

这场革命将给社会带来六大变化：

(1) 迅速改变人们对食品的消费观念，花钱买健康将成为人们生活中的一个共识主题。

(2) 推动科研部门努力解决有毒物质进入食品领域，确保食品安全优质生产，提高生产企业的社会责任感，使食品生产进入一个良性循环，克服过去只讲经济效益，不讲良心道德，不顾人类健康安全的混乱局面。从而通过社会各界的共同努力创造一个健康时代。

(3) 尽快消除人吃有害食品的问题，解除人类健康与生命受到严重威胁的状态。

(4) 消除人们生活中长期存在的恐慌症，改变原来不知哪有健康食品的困惑，搭起生产企业与消费群体的沟通桥梁。

(5) 在生活领域实现人与自然的真正和谐，充分体现党和政府的亲切关怀，实现政通人和，人民安康！

(6) 这场革命不仅要解决社会普遍关注的食品安全问题，而且还将为广大农民找回丢失的优秀舞台。前面已分析，因为农业的优秀种养殖业与大自然密切相关联，就决定了土地面积和农民的天然种养殖业将成为康复农业“造血功能”最具活力的基业。

当人类完全认识到真正健康营养的优秀食品只能来自大自然的母乳培植时，农业的地位将立即发生巨变，农民务农的劳动价值将立即得到充分体现。同时也显现出这场革命的真实意义。

总之，这场革命对提升食品品质、改善农商关系、提高农民地位、体现农业价值，特别是保护人类健康、优化社会结构等，都将起到至关重要的作用。

第九章　六大主题客观论证城镇化道路是中国社会发展的必由之路

习近平总书记指出："道路问题是关系党的事业兴衰成败第一位的问题，道路就是党的生命"。[①]

的确，小至一个人或一个单位，大到一个地区或一个国家，走什么样的道路，就会呈现什么样的状态。

一个人没走对路，难免一生碌碌无为。一个单位没找对路子，难免在竞争中衰败。国家的道路问题，直接关系到全国人民的命运与前途，关系到党的事业兴衰成败。党中央国务院提出的城镇化道路，不仅切实把握了中国国情，而且吸取了历史的经验，是针对现实社会生活中出现的新情况而提出的科学发展道路。这条道路的正确性和科学性，可从六大主题剖析的客观事实中得到论证。

一　"万镇"模式夯实城镇化发展基础和铺垫九亿农民的基本出路

从第四章分析的"万镇"模式多项基本功能和十大显赫作用中可以看出，在全国广大农村挑选万个左右具有多方面优势的乡镇打

---

① 习近平《在新进中央委员会的委员、候补委员学习贯彻党的十八大精神研讨班开班式上讲话》（新华网）2013年1月5日。

造成为中心镇，作为中国城镇化的载体，是符合我国国情有利实际操作的可行城镇化实施模式。

这个模式既考虑了国家安全、社会安定、人民安康三大社会生活前提，又考虑了城乡经济快速发展这根主线，更有利于解决现实社会生活中的诸多矛盾。通过剖析实施发挥“万镇”模式的功能和作用，可以清晰看到城镇化是中国未来发展的必由之路。

现今社会生活中，我国的国情所展现的诸多矛盾其主要原因是因为农村人口占了全国人口的绝大多数，加之先进的城市与相对落后的农村形成的二元结构由来已久，工商产业基本布局在现有城市等而造成的结果。

这种国情，在计划经济年代，是通过社会管理体制的管束维持着静态格局的。

改革开放后，随着体制的变化，封闭的农村打破了往日的“平静”，从而出现了农村人口向城市大流动的热潮。经过 30 余年的实践，城市又无能力接收几亿农民，并由此带来了许多新的社会矛盾形成了难于医治的“城市病”，事实已证明几亿农民向城市转移这条路子很难走通，客观上迫使人们改变和放弃大批农民进城安置的设想，再次寻找新的路径。

城镇化正好适应了时代要求，从客观上奠定了社会发展的全新方向。围绕城镇化道路探索出台的“万镇”模式，不仅能夯实城镇化的坚强载体，而且可从根上解决农村的基本出路。这个模式的特点就是实际、实在、可行、可靠，政府主导推得动，社会各界使得上劲，农民兄弟进得去，不飘浮，也能承受得起向中心镇转移的成本，实实在在能加快农民向城镇转移的步伐。事实将表明，镇，就是农村的路！镇，就是几亿农民的希望所在。

二 “企业战略转移”模式为城镇化创建主战平台，使农民工当地就业变为现实

习近平总书记指出：“不断深化改革开放，不断有所发现、有所创造、有所前进、不断推进理论创新、实践创新、制度创新”。[①]

我国推行城镇化，客观上无疑需要从体制和机制上大胆创新。历史的原因，过去农村无电、无路、无通信，造成企业过于集中在大中城市。

今天农村已完全具备企业由城市向乡村战略转移的基本条件，这是当今社会需要的最大改革与创新，并已成为国家从宏观上调整社会生活矛盾的关键。

“企业战略转移”不仅是解决农村“造血功能”的主体力量之一，而且是确保城镇化顺利进行和城乡长远协调发展的重大战略国策。可以说“万镇”模式是城镇化发展的基础，“企业战略转移”模式是城镇化建设的关键，因为企业既是农民工的就业载体，又是城镇化的建设主体。

“万镇”模式与“企业战略转移”模式的内在联系，决定了相互之间互为条件，互相支撑，二者客观上形成了推行城镇化系统工程中缺一不可，切实可行的战略运营模式。

---

① 习近平：《在新进中央委员会的委员、候补委员学习贯彻党的十八大精神研讨班开班式上讲话》，新华网，2013年1月5日。

三　“城市内优外特”模式充分展示我国社会制度的优越性，为城镇化打开新的突破口

我国大型城市受发展空间局限，其资源配置畸形已成为普遍现象，客观上要求进行调整和资源配置合理化。这一点特别重要。

因为一方面围绕大城市近距离布局星星点点，久而久之容易发展连片成为一体，不利国家安全、社会安定、人民安康三大社会生活方面；另一方面，社会主义制度的中国，最大的优越性之一就是便于在全国调动社会资源，只要有利国家和民族的事业，在党中央国务院的正确领导下，在各级党和政府以及全国人民的共同努力下，这种调整和配置合理化的变革是可以胜利实现的。

创立“城市内优外特”模式，不仅可以彻底解决当今大型城市突现的上述矛盾，而且可为城镇化建设运营注入巨大活力。

因为大型城市凭着自身的优势帮助农村建镇，无论从设计思路，还是建设队伍以及建设资金、技术力量、企业转移创建就业平台等等，都会显示出超常优势，成为城镇化建设中的鲜艳旗帜！

由此可见，大城市选择边远贫困地区创建“援助特区”，将成为国家体制机制创新的重大突破，并对释放城市多种能量，快速推进贫困地区城镇化发展步伐起到至关重要的作用，是中国城镇化建设中的一大创举。

四　“扬弃式现代农业”模式创新我国农业发展方向，并通过发挥城镇化功能开辟人类安全食品源

我国的城镇化道路，是国家宏观战略发展的系统工程。是解决国家安全机制、社会秩序安定、人民生活安康、城乡协调发展的重

大战略国策。

依据“中心镇”在广大农村的特殊功能地位，除了在解决农民就业、发展经济、稳定社会、拉动内需、减轻城市压力、利用乡村资源、降低生活成本等多方面积极作用外，还应在解决食品安全方面承担起当然的引导、保证、保障等责任，为人类健康生活履行一项最严肃、最重要、最崇高的义务。

当广大农村城镇化建设格局形成后，通过镇级政府和相关部门，培养和组织具有相应素质的农民，以“扬弃式现代农业”模式为主导，大规模开发特色种养业，全面恢复天然食品的优秀品质，为人类健康生活从源头上解决食品安全问题。这项神圣而永久的任务，应成为城镇化建设中一项必须高度重视的功能性事业来推行。

五　“四大模式”为城镇化国策构架了一套国家安全发展体系

当我们目睹利比亚的几座主要城市被空中炮弹摧毁时，自然想到一个无可回避的问题，一个国家人口和工商业高度集中于城市，从安全方面考虑，难免成为大忌。

“四大”模式的推出，不仅在主导农村发展，解决农民就业，减轻城市压力、拉动社会内需、活路农村经济、维护社会稳定、消除城乡差别，利用农村资源等等多方做出无法估量的贡献，而且从国家安全方面分析，应是从根本上布局了一个十分有利平稳发展的安全后方“大本营”。

可以肯定，从防御上讲，当全国广大农村崛起万个左右新型镇时，那该是一个多么有利国家安全的防御体系。就这一点看，“四大”模式具有安全防御的深远政治意义。

与此同时，“四大模式”将使亿万流动人口安居乐业，消除社会不安定因素，对社会有序管理产生十分有效的积极作用。

六　“四大模式”为城镇化国策推行“生态文明”创造出重要条件

2012年年底召开的中央经济工作会议强调：要把生态文明理念和原则全面融入城镇化全过程，走集约、智能、绿色、低碳的新型城镇化道路。①

我国的城镇化，在很大程度上说，包括了人居生态化。人口过于集聚大中城市，必然出现人们难以享受良好的生态环境状况。

“万镇”模式的实施，将在全国各地进行择优选址，生态环境优劣，无疑是“万镇”选址的重要条件之一。

广大农村地域辽阔，许多地方风景秀丽，气候宜人。在那些地方创建“新型镇”，不仅把生态文明融入了城镇化建设中，而且为大中城市改善生态环境分担了疏散人员和合理布局人口的巨大责任。

“万镇”模式推行后，将在全国编织出一张充满地方民族建筑风格和特殊产业基地的新型城镇化版图网。为我国推行“生态文明”写下历史性诗篇！让世人瞩目，让华人骄傲，让每一个炎黄子孙为之自豪！

可以想象，生活在农村新型城镇的人们，那些小镇悠闲的风情，那片一望无边的透彻蓝天，那些周边原生态交融的清新空气，那些充满当地民族风格的生活习俗，还有那些吃不腻、品不厌的地道民间食品，该是何等的享受生活！又是一幅多么令人羡慕和神往的

① 《中央经济工作会议报告》，人民网，2012年12月16日。

“生态文明”美丽画卷！

到那时，让几亿农民告别长年流动承受诸多困惑的状况，转到就近新型城镇过上安居乐业的生活，那种轻松自在和安稳踏实的心情该有多么幸福……

从上述六项主题可以看到一个事实，城镇化道路是中国特色社会主义的康庄大道！是全国人民的幸福之道！是确保我国城乡同步进入小康的快捷之路！

第十章　城镇化建设的配套措施

由于城镇化建设是一项改变农村、改变农村历史发展进程的重大历史性任务，因此，将需要方方面面的配合和配套措施。

一　城镇化建设需要相对稳定的县（市）领导班子

我国县（市）政权机关，是管理我国农村社会的行政主体。其政府职能部门，如公安、法院、检察院、工商、税务部门等，行政执法主体都设在县市，乡镇只设有派出机构。由此，县（市）是我国政权的基石。

1. 县（市）在城镇化建设中的重要作用

在我国政权机关构建体系中，县（市）一级党委政府处在承上启下的特殊职能位置。一方面直接面对市、省上级党委政府，承担贯彻中央到地方的各项方针政策，代表国家在本区域行使管理权力；另一方面直接面对乡级基层政府，同时在很大程度上直接面对广大农民群众，是中国广大农村的主导者。从县（市）一级政权机关的工作职责看，虽然不像乡镇那样完全处在农村一线，但在整个政权机构体系中也还是属于基层党委政府，不属于上级政权机关。因此，县（市）一级所承担的工作职能特殊性，决定了县（市）在城镇化建设中处在极其重要的位置。

从宏观上看，县域经济在推进县（市）机关所在地的市区工业经济发展外，其主要工作是改善县（市）辖区内的农村经济运行状态。因为农村的整体发展，包括政治、经济、文化等都是县（市）党委政府的工作重头。历届中央政府都把解决“三农”问题列为全党工作的重中之重，也可以说就是强化县域经济的重大举措。这个县的农村经济发展了，整个县域经济就进入良性发展状态了。如果只是县（市）政府机关所在市区的经济发达，而农村落后面貌不改变，这个县也就脱离不了落后的母体。

因此，城镇化建设，在很大程度上也就是强化县域经济建设。特别是县域辖区内经济发展布局的科学构架和调整，包括乡级行政区划的再调整，是城镇化建设的重点，也是县域经济发展的重点。

县（市）党委政府在城镇化建设中，与乡级政府同样都处在要害位置，只是各自的职能不同而已。乡镇是城镇化战场上的直接指战员、执行者、现场操盘手。县（市）却是城镇化建设的直接主持规划者、主导者、管理者。

2. 县（市）主要领导应保持相对稳定

由于县（市）一级党委政府处在组织领导城镇化建设十分关键的位置，客观上要求县（市）主要领导人任职年限不宜太短。

因为，任何一位领导要把一个县（市）的政治、经济、环境等治理好，都需要一定的时间，尤其是一些相对落后的贫困县（市），要改变其面貌所需要的时间更长。

河南省长垣县委书记刘森，整整花了 9 年时间，才把黄河的“豆腐腰”区段的贫困长垣，这个即无资源又无资金，自然灾害频发的农业县，改造成了新型工业经济为主导的发达县。

近三年来，全县上马千万元以上的项目 300 多个，总投资 148 亿元。企业分布在全县各乡镇社区和县城，累计有 18 万农村劳力就地转移到企业就业。其中起重机产业年销售收入已达 100 亿元，50 吨以下起重机销量占全国市场份额的 70%，这个县的医疗器械及卫生材料生产实现年产值 35 亿元，占全国市场的 67%，这个县的涉农企业 78 家，国家龙头企业 3 家。2007 年全县生产总值达到 90 亿元，是 2000 年的 3.5 倍，其中全县包括乡镇民营企业实现增值 76 亿元，人均生产总值达到11240元，进入了我国中部地区经济强县。

如果说，江苏的张家港市、江阴市，以及广东的一些县（市）经济发达区都有地域条件的优势，那么地处中原黄河岸边的长垣县，不仅没有地域优势，而且当地没有任何资源。他们的发展，主要是在于有一个团结奋发的优秀领导班子，有广大干部群众的齐心协力，奋力拼搏，但最核心的就是有刘森这位不计名利、甘为奉献、富于开拓精神、善于制造机会的领航人。在刘森的带领下，他们在“零”资源的起点处，采取内引外联，“冰上生火”热中原的手段，创造了智慧为本，“无中生有”的奇迹。

刘森能领导全县干群改变长垣，主要有三条硬道理：

（1）刘森具有构架区域经济发展的大思路，能在宏观韬略上把握好全局。作为一把手有无这种能力，对这个地方的经济发展至关重要。

（2）刘森坚持 9 年如一日不离开长垣。上级组织几次调他高就，他都婉言谢绝，放弃个人荣誉和利益，坚守长垣，这就确保了自己参与制订的规划目标能够得以实施。一旦过早离开，很多项目和诸多当地政策以及制度法规难免走样或受阻，必然影响整体规划的推进。

（3）刘森善于当班长，善于调动一班人的积极性，善于通过一班人和相关政策调动社会各界和全县人民的积极性。

今天的长垣虽然不是刘森一人建的，而是全县广大人民共同奋战的结果。但如果没有刘森的领航，没有刘森的守业，可能就不是这种局面。

过去，在我国不少县（市）的领导到任后，同样有过很好的开局，如果让其坚持下去，应该会有不少个长垣县的创举。可遗憾的是刚开个局，主要领导就被调离，甚至越是开局好的调离得越快，后来接替者衔接不上就很快失去光泽，龙头起蛇尾散了。

由此可见，在城镇化建设这个伟大的事业中，县（市）所处的要害位置，客观上要求县（市）主要领导，特别是一把手应该保持相对稳定。

建议除个别领导属于组织上安排下去过渡者或因能力或其他问题不适应久留者外，一般情况下，县（市）委书记的在任期限应稳定在8～10年以上，这样十分有利于地方的经济发展。对城镇化建设能否顺利推进有着十分直接的关系。

3. 建议对县（市）主要守业领导待遇作出调整

为了有利稳定县（市）主要负责人的工作任期，并调动县（市）领导成员的工作积极性，建议对县（市）主要领导守业者的待遇作出相应调整。

①把职务和待遇分开

职务是代表工作岗位，是干部行使国家权力的象征。如县（市）委书记岗位、县（市）长岗位，无论谁坐上这个位子，谁就代表县（市）党委或政府行使国家赋予的执政权力。上对市、省直至中央负责，下对辖区所有百姓负责，这是工作岗位体现的权力和职责。

而干部待遇，是对干部所承担的工作任务和作出业绩的大小以及工龄长短、任职年限等所给予的回报条件。其中包括了政治荣誉、行政级别、工资标准、住房标准、用车就医和各类奖赏等。

②对优秀创业守业者应给予高于职务的待遇

一是县（市）主要负责人如工作成绩大，在一地任期8年以上者，建议享受副司级待遇；

二是在一地任职期15年以上者，建议给予享受正司级待遇；

三是县（市）主要负责人因工作状态欠佳，组织有意调离该县市，或因落选被安排去新单位，其任职年限不应作为享受待遇的连续计算年限。

③级别调整后应享有同级领导班子的被选举权

县（市）主要负责人级别调整后，如符合地市领导班子竞选条件，在治县期间工作业绩十分突出，显示了较强的领导才能，社会知名度较高，建议允许参加地市领导班子竞选或调任省厅相应领导岗位。

二　乡镇人事制度配套改革势在必行

改革开放以来，乡镇人事制度已进行了相应改革和调整，并取得了显著成绩。

但因人事改革涉及方方面面的因素较多，改革尚有一定难度，以致少数地方仍然还存在一些问题。尤其是相对城镇化建设这一特殊任务，现有人事制度难免显现出一些不相适应，特别是乡镇主要负责干部调动频繁，普遍存在任职年限偏短等问题，严重影响乡镇工作，迫切需要尽快作出调整。

1. 机构和人员编制需要科学定位

乡镇机关的部门设置和人员编制，应根据城镇化建设的客观要求，进行适当调整，以适应新的形势发展需要。重点应对乡镇内部机构进行合理设置和定编，使之部门工作互不扯皮，协调运转，显示出现代乡镇机关和干部队伍良好的精神风貌。

2. 乡镇负责人应保持相对稳定

乡镇主要负责人一般任职期限应在8年以上。因为乡镇干部特别是主要负责人过快流动，严重影响乡镇工作的连贯性，直接影响乡村发展。在城镇化建设这一世纪性工程进程中，乡镇干部处在一线驾驭一地全局和指挥作战。由此，保持乡镇负责人相对稳定显得十分重要。关于乡镇主要负责人在任期太短的弊端已在前面第二章第六条中详细论述，为了确保城镇化建设不因负责干部过快变动而受到影响，建议地方组织人事部门尽快出台《乡镇干部任职年限规定暂行条例》。

3. 乡镇干部待遇应与工作实情挂钩

一是鉴于乡镇工作在城镇化建设中所处的重要地位，以及乡镇工作的特殊性，对乡镇干部特别是乡镇负责干部的待遇应从政策上作出相应调整。

建议把乡镇干部的职务与待遇区分开来，并参照县（市）领导的职务与待遇的调整方式进行调整，以此调动乡镇干部的工作积极性。

二是乡镇主要负责人在一地任期达到 8 年以上者，建议给予享受副处级待遇。其工资、住房、就医、用车等都应由相关部门按所定级别给予配套安排。

三是乡镇主要负责干部达到一定级别后，个人具备竞选县（市）领导班子条件者，建议允许参与县（市）领导班子竞选。

四是建议乡镇主要负责人，在一地任职，必须按期接受选举。如因落选离开本乡镇后，组织部门将其安排去另一乡镇或部门任职，其享受待遇任职年限应从新到乡镇之日算起。

五是建议县市组织部门对乡镇干部应连续进行年度考核，对优秀乡镇干部特别是成绩突出的主要负责干部给予相应的奖励。考核工作应着重听取乡镇辖区社会各界的意见，特别是听取当地群众的评议，确保全心全意为农民群众办事的优秀干部得到应有的奖赏。

六是建议对乡镇机关主要部门干部的待遇，拟定新的激励机制。

通过这项改革，使乡镇干部工作安心、切实负起责任，珍惜脚下的土地，治好手中的“江山”。在我国城镇化建设伟大事业中，充分发挥乡镇政府一线指挥作战的独特作用。

4. 乡镇行政区划调整在即

我国的城镇化建设，是彻底改变我国农村面貌的系统工程。

按照中央提出的城镇化国策，未来的中国农村，将是一幅让世人赞叹的美丽蓝图，预料不需多久时间，现有的乡镇区划格局将很快成为历史。

虽然近些年，不少地方已对乡镇的区划格局进行了较大的调整，但从全国而言，仍有相当数量的乡镇区划格局有待改变，才能适应城镇化建设的客观需要。对于这一点，前面第四章第一条已做详细论述。

三　城镇化建设要求镇级政府职能配套

我国乡镇正处在特殊历史变革时期，对新型镇政府的职能转变显现出了新的要求。

1. 农村体制变化对政府职能的影响

农村经济体制的变化带来了乡镇政府工作职能的变化。20 世纪 80 年代前，也就是改革开放以前，我国农村在计划经济体制下，乡镇政权机关可比是农村的“大管家”，其工作特征突出表现在三个方面：

（1）乡政辖区的大小事情一揽子包下都得管。从年初备耕到播种育苗，从移苗栽培到作物管理，从粮食收割到年终分配，从国家税收到上交集体，从生产发展到群众生活，等等。无事不包，无处不管，名符其实的“大管家”。

（2）乡镇干部下村蹲点，与农民同吃、同住、同劳动。为了加强基层工作，确保乡镇党委政府的工作意图得到良好贯彻，乡镇干部一律下村办点，每年有70%的时间住在农民家里，和村组干部一道开展工作。

（3）乡镇干部包括主要负责人一般保持相对稳定。改革开放前，乡镇干部都来源于农村，一般在乡镇工作都比较安心。调入一个乡镇后，正常情况都会工作5～6年，有的8～10年，也有少数人在一个乡镇工作长达20年左右。相对而言，主要负责人在一个地方工作时间都不会太短，一般都在7～8年以上。

改革开放后，随着计划经济向市场经济体制转变，乡镇的工作职能发生了根本变化。农村联产承包责任制，彻底改变了原有的集体生产经营模式。农民各种各的地，各持各的家，几乎没什么事需要乡镇干部管。一段时期，农村体制的变化，给乡镇政府的行政职能定位带来了一定困惑，乡镇干部有些无所适从。20世纪末到21世纪初的那些年，乡镇干部除了催收上交税收和管理计划生育，感觉别的事情有些难于插手。

2. 农村体制变化使乡镇机关出现新情况

（1）乡镇机关干部人数超编现象严重。在改革开放的新形势下，县（市）以上干部队伍的门关得比较紧，一些想要进入干部队伍的人员，选择了乡镇机关这条路，通过各种渠道和关系挤入乡镇机关，解决就业后再谋新的出路。这样，使得乡镇干部人数大大超负荷。

（2）部分乡镇干部居住移位。因为农村实施联产承包责任制，乡镇干部不再下村蹲点。又由于干部成分改变，部分干部本来就家在县城，只是来乡镇就业过渡，加之近些年经济发展快，许多乡镇干部都在县城置了住房，因此住在乡镇的干部越来越少。乡镇主要负责人一般都已居住县城，只是在乡镇上班。

（3）乡镇工作面临新任务。乡镇政府直接面对广大农村、农民、农业，其工作职责与县以上政府有很大区别。从某种意义上讲，乡镇党委政府除了向上级负责和承担乡镇的日常工作职责外，在很大程度上就像一个大公司的董事会，主管了许多生产经营企业。虽然不是直接组织生产经营，但也必须承担指导、管理和排忧解难任务。2006年国家免除农业税后，乡镇工作减去了一项重要任务。近些年，乡镇政府加快了政府工作职能转变步伐，全国大多数地方，特别是经济发达地区，乡镇政府在帮助农民科技致富方面做了大量工作，政府工作重心基本转到了发展经济的轨道上。

但相对一些不发达地区，因为农民仍在延续传统落后的耕种方式，乡镇政府的职能优势却未能得到相应发挥。面对城镇化建设的特殊任务，转变乡镇政府职能显得尤为重要。

3. 乡镇政府的职能转变有“八个方面”值得重视

在新形势下，农村有许多新情况、新问题，需要乡镇党委政府去解决。尤其是农业的困惑，农村的社会发展，迫切需要政府部门去导向、帮助、切实解决生产和生活中的实际问题。

在市场经济条件下，很重要的一点是我们应该严格区分政府不干预经营和必要引导的管理职责关系。

现阶段，农民的生产经营必须遵循市场规律，这是无可非议的。近些年，个别乡镇以不干预群众的经营为由，几乎什么都不管，导致少数干部的相当部分时间花在了牌桌上，与农民有些不相往来，这种现象是不正常的。

因为乡镇政府就是直接管理农村政治、经济、文化等社会各类事宜的政权机关，尤其是在当前农村出现许多新情况和新问题的情况下，更需要政府的协调和帮助。社会各界呼吁基层政府不干预农民的经济活动，是指不强迫农民的经营意愿，包括政绩工程。但对农民经营的科学指导，帮助农户解决实际问题，做好农户需要的服务工作是完全必要的，是现阶段乡级政府的基本职责所在。从农村的现实情况分析，政府对农民的生产经营服务应在八个方面做好工作：

①引导

主要是政府通过与外界联系，掌握到最前沿的市场需求信息，引导农民正确的生产经营方向，包括地方优势资源的开发。

②谋划

帮助农民根据市场信息，做好生产规划预算，力求节约成本，降低经营风险。

③解难

农民在生产经营中，最大的难点是启动资金。政府根据农民的实际情况，与金融或信贷部门做好协调工作，力求及时解决农民急需的生产资金困难。

④指导

政府提供可靠的信息后，安排相应科技人员，及时给农民做好产前产中的技术指导，避免因技术问题而造成损失。

⑤导销

目前，让我国绝大多数农村的农户感到最难的一件事，就是产品对接市场难，乡镇政府应在这方面切实为农民排忧解难。

一方面现在的乡镇干部文化、社交等素质普遍较高，具备了良好的外界沟通能力；另一方面，信息时代的现代科技手段为乡镇与外界联系提供了优越条件。可以说，干部不出门就能知天下事，何况干部可以与外界广泛交流，获得全国乃至全世界的商业经营信息。

因此，乡镇应把农民的产品对接市场作为政府在新形势下的一项主要职能。即明确职责、转变职能、钻研市场、服务群众、敢于负责、忠诚职守，切实为农民办实事。

⑥调研

乡镇干部处于农村工作一线，对我国农村的情况了如指掌。加之现今乡镇干部具有良好综合素质，又在长期农村工作实践中摸索了较多的农村发展经验，完全有条件利用这些优势，对农村发展中出现的一些社会问题、农业产业的一些生产经营问题、农村资源开发问题等，进行调查研究。对农村，特别是本地区农村的经济发展，提出经营决策方面的探讨性意见，为推动农村快速发展发挥乡镇干部特有的积极作用。

⑦健全知识传授网络

乡镇政府应采用现代科技手段，为广大农民建起各种有益知识的传播网络。包括科技信息、健康知识、市场信息等。

⑧加强农民技术培训

据相关资料显示，我国农民平均接受教育年限不足 7 年，在近 4.9 亿农村劳力中，小学文化程度和文盲半文盲占到 40.31%。①

这部分人自学农业技术的能力比较弱，需要社会给予指导和帮助，乡镇政府组织他们进行相应培训，帮助他们提高生产技能是新形势下一项重要的政府职能。

四 “三级”合力形成农村人才培养体系

《中共中央关于推进农村改革发展若干重大问题的决定》中指出：“加快普及农村高中阶段教育，重点加快发展农村中等职业教育并逐步实行免费。健全县域职业教育培训网络，加强农民技能培训，

① 张晓山，张淑英，李周，盛来运：《中国农村经济形势分析与预测》，中国时代经济出版社 2008 年版，第 69 页。

广泛培养农村实用人才。”①

针对中央的“决定”精神，在农村人才培养方面，可采取政府主导三级学校各负其责，培养三个不同层次的人才，以满足农村建设的需要。

1. 省（市）以上大学应加速培养农业科技创新人才

农业科技创新人才，包括农业科技研究人才和成果应用实施人才。科技研究人才，主要是受过农业专业教育、具有较高学识水平，并善于思考和研究问题的科技专业人才。

科技成果应用人才，主要是掌握了一定的科学技能，能够胜任推广科技创新成果的实施人才。

这两类人才能否满足我国农村科技创新及成果应用的需要，是当前农村发展迫切需要认真解决的主要问题之一。

解决这两类人才的基本途径，只能依靠全国现有大专院校的培养，根据农村发展需要，扩大农业科技人才招生，是我们目前应该认真解决的实际问题。

2. 地市专科大学应解决农村发展所需的专业人才

20世纪末以来，随着科学技术的快速发展，在我国城乡普遍掀起了一股求知热，青年学生包括农村学生都把上大学当成实现人生价值的基本途径。

相对而言，一些专业技术学校的发展却满足不了现实社会的需求，尤其是广大农村所需要的专业技术人才一直呈紧缺状态。加大对农村所需专业人才的培养是当前一项紧迫任务。

解决这个至关重要的问题，建议从五个方面采取措施：

---

① 《中共中央关于推进农村改革发展若干重大问题的决定》，《人民日报》，2008年10月20日。

（1）建议以地、市为重点，在争取省（市）的支持下，根据当地农村实际需要，适当新开办农业专业人才大、中专院校，为培养专业技术人才创造必须的前提条件。

（2）建议新办学校的规模，可按每村2～3个专业技术人才为计划目标，确定学校招生人数。

（3）建议财政给予办学全额拨款，确保学校必须的办学条件。

（4）建议大、中专学校采取定向招生，从农村择优选拔，学生毕业后一律分配到乡村，不属挂职锻炼。

5. 建议毕业学生到职后，主要从事农业科技推广工作，可考虑享受乡政事业单位人员待遇。

通过五项举措，尽快建立起适应现代农村发展需要的科技队伍。

3. 县（市）应扩大职业高中招生规模，提高农民素质

随着国际农业越来越趋向于高科技方向发展，客观上已对从事农业生产的广大农民提出了更高的要求。

目前，鉴于我国农民的文化层次，小学文化和文盲占到了劳动力资源总量的将近40%，初中文化人数占到了将近50%的状况，迫切需要我们加强职业技术培训。

（1）建议县（市）重点培养实用型人才。尽快增设职业高中，扩大职业高中招生规模，让更多的初中毕业生直接升入职业高中学习，为农村建设培养具有良好综合素质的新型农民。

（2）建议在职业高中开办培训班，接收已失学的往届初中毕业生返校参加职业高中课程培训班学习，建议由政府出钱实行免费教育，补上国家实施义务教育这一课，尽快提高这批农民的文化水平和综合素质，跟上时代要求。

（3）建议在职业中学开办自学提高班。可通过教育等相关部门，引导低于初中毕业学生自学。

通过三种方式，使农村的绝大部分农民达到与时代相适应的综合素质。

职业高中学校重点应培养学生的实践能力。主要培养学生运用理论知识分析解决问题能力、动手操作能力、适应社会市场需要的能力。使学生毕业后很快能成为综合素质良好的现代农业工人。

为了培养学生的实际操作能力，学校应把实习农场作为教学的重要课堂，让学生在校期间得到良好锻炼，切实掌握动手技能，成为名符其实的有知识、懂技术、善管理、能动手的一代新型农民。

五　发挥基层党组织在城镇化建设中的领航作用

新中国成立以来，我国农村基层党组织在社会主义革命和建设的各个时期，都发挥了极其重要的核心领导作用，为社会主义建设事业提供了坚强的政治和组织保障。

在城镇化建设中，农村基层党组织处在直接组织带领农民投入战斗的关键位置。由此，切实加强农村基层党组织建设，充分发扬党的优良传统，提高农村党支部的执政能力，是城镇化建设中一项极其重要的任务。

1. 农村党支部在城镇化建设中的主要任务

根据我国社会主义建设各个不同阶段国家宏观政策的调整和农村形势的变化，农村基层党组织的工作任务也在不断发生变化。

当前的城镇化建设，是我国农村发展史上的特殊时期，处在这个历史时期的农村基层党组织，针对中央关于城镇化建设的目标要求，肩负着许多新的历史重任，最主要的任务有五个方面：

①组织强大队伍参战

首先是以身作则，带领和组织强大的建设大军，积极投入城镇化建设。既然城镇化建设是一场改变中国农村的伟大战役，农村党支部作为农村的政治力量，毫无疑问应站在战场一线，动员和组织好当地一切可行的参战力量，全力投入这场历史性战役，切实承担起自己应该承担的重任。

②帮助广大党员群众明确农民的第一要务

现代社会必须改变一个观念。即："农业是崇高的产业，农民是高贵的职业。"这是因为农业是养命的产业，农民是人类自身健康生活和生命安全的支撑者和保护者！

现代农业已发展到高科技产业的崭新时代，农业内涵的变化给现代农民赋予了新的意义，农民职业应该成为同其他产业一样高尚的职业。因此，在伴随城镇化发展中的农业，是一项富于重大意义的事业。农民应转变观念，明确农民的第一要务是干好农业，产出健康安全的食品，这是农民的根本任务，是主业，也是农民被称之"衣食父母"的全部意义所在。

当我们经历了食品安全问题威胁人类健康和生命的时期后，全社会都在关注农业和重视农业，广大农民兄弟更应明确自己肩负的重大责任。

③组织农民承担起时代赋予的光荣使命

当前，人类对消除有害食品的威胁已出现强烈呼吁，而遏制有害食品的产生首先在于农业部门。从某种意义上说，人类的健康和生命，在很大程度上掌控在农民手中，解决食品安全问题，农民肩负着首要直接责任。

现在流传一种说法，农村人吃的健康食品，城里人吃的垃圾食品。虽然不是普遍状况，但这种现象是存在的。不少农民自家食用的蔬菜粮食，不用农药化肥，自食的生猪和鸡鸭不喂有添加剂的饲料。在城镇化建设中，基层党组织应负起责任，引导农民树立起职业道德和社会责任感。以向人类高度负责的精神承担起确保人民健康生活的光荣使命。用中国农民诚实守信的传统美德和勤劳实干的奉献精神，生产出让社会放心的优质食品，充分展示出现代农民可贵的精神风貌。

④在县乡区域发展宏观设计中做实村级规划

我国农村地域辽阔，各地情况千差万别，同一县域各乡各村的自然条件和资源情况都存在着不同差异。

许许多多的资源优势、特色产品优势都因为没有引起重视而被埋没，一旦采用合理的方式组织开发，必定成为当地农民永不枯竭的“金水库”。

为充分挖掘农村的待开发资源，采集农村新的“血源”，基层党组织应借城镇化的强劲东风，发动群众集思广益，在充分考察村级资源的基础上，作出富有开拓价值的发展规划，并引导群众脚踏实地的实施。

⑤带领党员群众开展“三学”

经过改革开放30年后，我们已进入了市场经济加现代农业的时代，这个历史阶段的时代特征对现代农民提出了更高的要求。由于历史的原因，目前我国农民的素质与时代要求存在一定差距。近些年来，各级政府都在加大对农民的培训力度，对提高农民的综合素质和专业技能起到了重要作用。

农村基层党组织直接生活在农民群众之中，应把组织群众学市场、学管理、学技术作为推进农村现代化的一项重要任务来实施。在市场经济条件下，学习市场、掌握市场的基本规律、提高适应市场经济的能力是每个公民日常生活中必须具备的基本常识。基层党组织，应在帮助农民群众在“三学”方面下工夫，使之懂得一些经营管理，并有一技之长，为提高现代农民的综合素质作出应有的努力。

2. 充分发扬民主，选出勤政务实的村级领导班子

中国农村有句俗话："村看村，户看户，群众看的是党支部。"这话充分体现了支部班子在群众中的核心地位和影响力。

事实上，基层党组织建设最核心的问题就是班子建设问题。一个廉洁奉公、乐于吃苦、勇于开拓、富于创新精神的领导班子，一定能够带领群众走上劳动致富的康庄大道。

在村级班子中，领航人处在关键位置。我们常说："选好一个人，改变一个村。"这是已被客观事实证明了的真理。从华西村、张家港的永联村以及全国各地村级经济快速发展的诸多典型分析，村级领导班子中的一把手执政能力强弱，直接关系到这个村的前途。

为适应农村发展的需要，在选择村级主要负责人时，应优先考虑推选几种对象。

(1) 具有事业心和责任感，又有文化，工作能力较强，能廉洁奉公的党员复员退伍军人。他们在革命大熔炉中经过锻炼，一般都具有较好的综合素质。

(2) 在城市务工过程中获得了相应的组织管理经验，并具有创业精神和奉献精神的回乡创业农村党员。

(3) 经办过相关产业，并积累了部分经营资本，懂得市场运作，并对改变家乡面貌具有一定热情和抱负的农村党员。

3. 充分发挥党员在农村城镇化建设中的先锋作用

我们党的性质，决定了我们的党员在广大群众中时刻显示出无形的榜样和力量，在农村城镇化建设的伟大事业中，共产党员毫无疑问必须冲锋在前，坚定不移地走在时代最前列。由此，我们必须按照中央关于搞好共产党员先进性教育活动的要求，切实抓好农村基层党组织建设。

当前，组织党员积极投入城镇化实践事业的同时，还应通过党

员在广大村民中开展思想道德教育、文明礼貌教育、政策法制教育、热爱祖国教育，努力杜绝农村赌博等不良风气方面；在开拓农村市场，发展农村经济方面；在加强农民技能培训，提高农民素质方面；在遏制有害食品，确保农产品安全方面等等，农村党员身在其中，与农民朝夕相处，应特别注意以身作则，充分发挥共产党员的模范带头作用。通过每个党员的不懈努力，把农村党支部建设成弘扬正气、抵制邪恶、优化民风、推进法制、发展经济、整治环境、勤政廉洁、改善民生的坚强战斗堡垒。

六　发挥大学生在城镇化建设中的骨干作用

青年大学生，是社会生活中的一个特殊群体，他们处在人生中最有朝气，最富于想象力，最具有创造力的年龄阶段，加之他们接受过高等教育，具有一定的专业知识和技能，有条件从事社会管理与创新，因此，他们是推进人类社会发展的重要骨干力量。

时下，当历史的发展进入城镇化建设的阶段后，农村建镇人才紧缺与城市人才过剩，已成为一种严重的社会不良现象，迫切需要我们站在时代发展战略的高度探讨和调整这一现实问题的思路。

可以说，引导大批富于创新精神的大学生毕业后步入农村创建新型城镇事业，已成为了一个时代热切呼唤的主题。

全国千名大学生

自愿组团斗胆选择湖南贫困乡村创建中心镇

举起了21世纪中国大学生投身农村城镇化建设的第一面旗帜

遵照中央政府关于体制机制创新的精神，去年冬，通过与湖南大学生团队交流，就农村建镇这一思路作为解决农村问题的基本出路，得到了大学生团队的积极响应。

这支队伍以年仅 28 岁的龙青为首，营聚了来自全国的千余名大学生，以城镇化建设的“四大运营模式”为主导，选择了我国的贫困地区湖南芷江县大垅乡作为城镇化建设示范区。

这是中国第一个大学生团队自愿去贫困地区为城镇化建设打开突破口的特殊事例。并得到了当地各级党委政府的高度重视和大力支持。目前，这个“示范区”工作进展顺利，当地广大农民对此寄予了极大希望。

大垅乡地处云南、贵州、湖南三省交会点，偏僻落后，目前人收入仅一千余元，当地基本没有工业，但这里生态优美、风景秀丽，雨水充沛、土地肥沃，是人类生存居住的天然氧吧，更是生产优质农产品的独特家园。

千名大学生在这里开创城镇化建设示范区，不仅给相对落后的农村带去了新观念、带去了新知识、带去了新科技、带去了新动力、带去了新产业，而且还能实实在在为社会解决六个问题：

一是为大学生就业开创了一条全新途径；

二是能解决农村发展困惑多年的人才问题；

三是带动了农民工返乡创业，减轻城市压力；

四是引动了许多企业家热心参与城镇化建设，在农村搭建就业平台，让农民工当地就业变成现实；

五是凭他们的知识水平和能力所开发的当地特产资源，能切实带动当地农民增收致富；

六是大批大学生步入农村，为未来的农村发展带来了新的希望。

总之，大学生走入农村，不是简单的解决就业，其真正的重要意义，在于他们发出了时代需要的最强音，为世界城乡协调发展创新了主旋律，为人类自身健康生存发展赢得了一支巨大的运营力量，是值得党和政府高度重视与支持的特殊新鲜事物。

这一创举，为人类寻求最优秀的人居生态环境找到了重要出路，是研究全球人类生存环境方面富于创新的导向性战略，是把优秀生态与人居条件有机结合而推出的21世纪新的社会学工程。对实现我国城镇化国策具有十分重要的现实意义和深远的战略意义！

七 三个值得注意的事项

我们国家地域辽阔，南北地形差别较大，在推行城镇化过程中，必须坚持从实际出发，尊重客观事实，合理利用自然条件的优势，不搞一刀切。

1. 改善耕作条件不能要求超越现实

农村土地本是人们生息与共的宝贵财富。然而，中国农村丘陵地区占大部分，梯形田地是大自然赠给我们的永久“饭碗”，这也是中国国情和农村乡情的主要特征之一。这个特征就决定了中国的土地现状。

近年来许多关心农村的人士呼吁，突破农村的瓶颈，必须全面实行土地大平整，才能适应现代机械化大生产，才能与国际接轨。然而，我们必须看到一个现实，在短时期内把全国的丘陵田地一概推平，实现机械化大生产，一个村庄只用一家或几家农户耕种，肯定地说做不到。两年不行，三五年也不一定行，甚至八年十年都难实现。因为中国田地构成坡度太复杂，尤其是我国南方的山坡土地和冲头冲尾田地，不但永远难以实现推平的计划，而且也没有必要推。可能那种自然坡度在大山腰间的特定环境，更适应优良种植，产出特质食品。

由此，这里我们应注意到一个十分重要的方面，我们首先是要快速找到农村生产发展的办法，至于现代化大生产肯定是发展大方向，但在对待大和小，传统与现代的问题上，我们只能“扬弃”，不

能“抛弃”，也不能超越现实。

土地平整是实现大生产的重要条件。近年来，国家对这一基础性工作十分重视，并已给予了大量投入。从稳妥起见，根据我国的实际情况，应区别三种情况分步实施：

第一步，目前，对于一些田与田之间本身比较平坦，只是因不同农户耕种而设置了田埂的地方，在妥善解决农民合作经营模式的前提下，应该借新农村建设强劲东风，加速土地平整的步伐，力争1～2年内完成平整任务，以适应现代化大生产的需要。

第二步，对于田与田之间高低差距较大，平整成本较高的地方，必须先易后难，先大后小，量力而行，稳妥推进；尽力确保不因平整土地而影响当年生产，特别是不因平整土地而加重农民负担。

第三步，对于少数地域复杂，丘块之间高低相距较大，不宜马上平整的或不宜平整的，重点应在经营方式上花力气，以强化科技创新手段实现生产发展为大目标。待时机和条件更成熟时再作实施。

2. 乡村经典民宅应“留”勿“折”

现在社会上出现两种倾向，一种呼吁农民全部进城，由城市完全接纳，只留下极少数农业工人开展现代化式的大生产；另一种是拔掉所有乡间民宅，统一建成新式居民楼。前者显然做不到，后者由于只考虑了形式上集中居住，未解决集中起来干什么，即没有实现机械化大生产，还是各种各的地，造成十分不方便，也没有开办企业，无处安置就业，这种集中居住毫无实际意义。

由于集中建房造价较高，农家自己修建的住宅一般只花 4～5 万元左右，而购买集体统建的楼房每家农户需承担 20 万元左右。反而带来农家严重负债，过上情不达意的压抑生活。

我国农村的农家住宅，特别是南方的农家住宅，多数都选在山水秀丽，风景宜人的特殊位置，可以比拟是人类生息的天然氧吧，也可以称之为自然别墅。

①树立新的居住观念

关于集中居住，可以作为发展方向，但前提是应该先集中就业。在“万镇”模式摆开战场后，乡村中心镇的新生企业能够大量吸收农村劳动力就业的前提下，逐步将生活居住转移到镇上，以方便工作和生活，是符合科学发展观要求的。

对于一些风景独特的民宅，一些具有民族风情特色的民宅，一些建造时间不久，房屋外观形象好，内部结构新的民宅等，应允许保留或保护。这些民宅，本身就是农村长时期发展的成果，是现代农村发展的亮点，不仅无损国家形象，而且展示了中国农村的风土人情和民族特色。对农民个人来说，即是中心镇已成规模，农民已到中心镇就业，下班后回到这样优秀环境住宿，无疑也是一种享受。

②改变城乡差别的本质不是洋楼

我们讲的城乡差别，主要是指收入上的差别，生活质量上的差别，生活环境上的差别，居民身份上的差别，人与人素质上的差别，社会保障上的差别，享受公共资源上的差别等方面。并不一定要建成一样的高楼大厦，一律住进洋楼。大千世界之所以美丽，是因为万事万物千差万别，人类居住活动场所也需要各具风格。如果世界上人们生息的地方只有城镇，也会显示过于单一。

③未来农村前景盎然

当农村发展到一定时候，其生活条件已和城市一样方便，当户籍制度取消之后，当国家允许城乡居民双向流动的时候，说不定还有许多城市居民愿意住到农村去。

农村的“灯全亮了”，中国的人口就会出现双向流动。取消户籍制度才有真正的意义！

因为不少城里人就喜欢农村那种幽静秀丽的田园风光。在那里，人们可以享受到生活在城市无法享受的生活乐趣。

从充分考虑中国国情的价值取向出发，在农村的居住问题上，我们可以采取：利用现有民宅过渡，逐步实施向镇迁居，保留民间特色住宅，镇舍考虑民族风格。

3. 民族经典文化应当传承

我们伟大祖国地域辽阔，各个民族居住建筑各具风格，代表着不同民族的文化。正因为存在这样的差别，才体现了我们这个伟大民族历史文化的博大精深，也体现了大国民族人们生活的丰富多彩。

这是我们应该特别强调一个核心问题，即风格代表了一个国家的文化，是一个伟大民族脊梁文化的象征和精髓。

每当我们大年三十坐在电视机前观看中央电视台的春节晚会时，就会想起一个不以人们意志为转移的客观事实：那些藏族的传统歌舞，献个哈达就让观众开怀悦目，并永远记住这个民族。一首雪山升起红太阳，唱遍大江南北，唱过半个世纪，让人永远难以忘怀，倍感亲切。

内蒙古的马头琴似乎伴奏出了豪放奔驰的大草原，立刻把人带入“天苍苍，野茫茫，风吹草低见牛羊”的绿色世界。

云南贵州的葫芦丝，深沉柔恋的南国风情，让人内心立刻浸入一种思乡怀旧的特别境况，相似如痴如梦……

高鼻梁的新疆姑娘，脖子扭个S线，足以让观众一辈子记住了这个中华大国独具魅力的维吾尔族。

西部优秀儿女世世代代传承至今的那曲土得掉渣的牧羊山歌，在21世纪闪烁着现代文化灿烂光辉的舞台上却展示出了她那纯真、纯土、纯洁、纯净、纯风、纯貌，纯属西部人的绝对优秀艺术名牌，让每一个中国人和世界各国友人开阔了眼界，享受了中国传统文化的伟大艺术真谛。

还有四川的龙舟小调，妹子要过河担心没人背，宋祖英的辣妹子，辣出了湖南，辣出了中国，辣到了法国的金色大厅。安徽的黄梅戏，江苏浙江的越剧，美丽女生扮男装，演活了一代天骄，才子佳人。充分体现了江浙人温文尔雅的独特性格。

还有北京的京腔和河南豫剧以特别强势的腔调，衬托出中华民族历史上皇权文化特征的英雄气概和不屈不挠的民族精神，听来给人鼓舞士气，壮骨雄魂也！

同样，各地人们的居住环境，也是一个地方民族文化的体现。是因为有着各地民族建筑风格的万紫千红，才有伟大祖国的美丽图画。如果全国南北东西全建成了一个模样的高楼，走到哪都一个格调，再也找不到苏州的美丽园林，找不到云南贵州四川一带的小木屋，找不到北方的四合院。那将彻底失去人类祖宗遗传给我们的地方文化优秀精华，显示出一幅“版结式”图面，那该是多么的乏味，多么的苍白无意。

由此，城镇化建设在打造全国新型城镇的同时，我们还应该保留和突出民族特色风格。建议各地在城镇设计时，请出懂得传统文化的专家，对一些少数民族移居群居的地方，可以考虑设计民族风情集镇，尤其是具备旅游资源的地域，更应重视民族风格的传承，这是我们的祖辈传承精华文化的永恒纪录，也是我们未来经济的活源头，是我们可以人工打造并永远属于当地人民手中产出效益的对外资源品牌。将成为子孙后代永不贬值的福音！

八　建议成立“国务院城镇规划委员会”

中国的城镇化建设，是全党和全国人民共同的大事，这样一件涉及从中央到地方各级党委政府都在不惜付出巨大心血力推，社会各界都在为之努力，全国人民乃至世界友人都在高度关注的大事，应该有一个相应的机构和设有相应的职能管理部门，并有一大批全心倾力的工作人员为之奋斗。

为此，建议成立“国务院城镇规划委员会”。这个机构将承担21世纪中国社会发展的特殊工作任务，是现阶段全民族事业的最大需要。本机构成立后，建议从全国各地破格选拔实战人才，帮助地方切实做好规划，已免走弯路。特别是避免盲目征地、盲目撤迁、盲目投建等等不良现象发生，确保科学推进全国城镇化建设。

1. 机构性质

“国务院城镇规划委员会”，即是一个宏观设计和协调指导机构，又是一个协助实际操作和系统管理机构。负责从全局统筹研究、制定城镇化建设的法律法规、方针政策，对各地建镇方案进行审核、规范、定位的权威机构。

2. 部门设置

鉴于城镇规划属于世纪性大事，尤其是中心镇选址和建设规划风格一旦定下来了就无法再改变，是真正涉及国家和民族的千秋大业。因此，建议设立相关专业职能部门，使之城镇规划的诸多事宜都有相对口的部门去竭力推进，许多事情需要他们去调查、去研究，站在国家和民族的发展战略高度，遵循全国一盘棋的美丽中国蓝图，帮助地方认真做好每一个镇的具体规划，使每一个镇都成为中国土地上的设计经典，成为未来城镇建设的特色“明珠”！

这个机构应有一个强大的专家队伍，充分发挥广大专家在这场伟大建设事业中的智能作用。

又由于这个特殊机构承担了特殊历史使命，需要与各部门沟通和协调，甚至需要与上级职能部门协调，为方便开展工作，很需要高层相关领导人直接兼管。

3. 机构人员配备

鉴于这个“委员会”是一个承担了特殊任务的工作机构，建议其工作人员来源可考虑两部分：一部分是从国家相关部门抽调一批有经验参与决策协调的领导干部和工作人员；另一部分可适当从全国各地挑选熟悉农村和城镇建设工作的人员。人才使用不拘一格，把愿在农村跑、具有一定农村和城镇建设工作经验、有吃苦精神的人士，纳入到这个特殊队伍中来，组成一个强有力的工作班子。预计这个机构的成立，将对快速改变中国农村的局面起到至关重要的作用，具有十分重要的现实意义。

4. 城镇规划委员会成立后，建议采用“五项”辅助措施掀起城镇化建设新高潮

鉴于我国城镇化建设是一项改变时代局势、改变中国历史进程的恒基伟业，在推进过程中，采用相应方式并形成良好的社会氛围，也是十分重要的。

一是设立“全国城镇化建设十大奖项”

①优秀组织奖；②优秀指挥奖；③优秀设计奖；④优秀协调奖；⑤优秀领导奖；⑥优秀典型奖；⑦优秀主战奖；⑧特殊贡献奖；⑨优秀专家奖；⑩城市“特区”奖。

二是建议成立权威评审机构

即：“全国城镇化建设奖项评审委员会”。

三是每年举行一次总结表彰会

建议在每年初人民大会堂的“两会”期间，增设“全国城镇化建设颁奖”议程，由国家领导人参与颁奖。

四是建议举行全国城市“援助特区”交接仪式

2013年适当时间，举行“全国大中城市跨越发展‘援助特区’交接签字仪式”。

五是建议召开一次深入推进城镇化建设誓师大会

可在2013年或2014年适当时间，召开深入推进全国城镇化建

设誓师大会，掀起全国城镇化建设热潮！

会上由相关领导接见全国城镇化建设优秀人物代表。

5. 抉择时机已成熟

李克强副总理指出："13 亿人的现代化和近 10 亿人的城镇化，在人类历史上是没有的，中国这条路走好了，不仅造福中国人民，对世界也是贡献。"①

机不可失，时不再来。

社会管理者的最大责任，就是科学布局社会和科学管理社会。

当前，我国城镇化建设运行模式调整，主要条件已基本成熟。

（1）经过 30 余年改革开放，特别近些年中央加大对农村基础设施建设的投入，我国乡（镇）已基本具备企业生存的"四通"条件，这是首要的大前提。

（2）城镇化建设已成为 21 世纪中国社会生活中的最大热点，社会已经形成了调动各方力量支持城镇化建设的良好氛围。

（3）政府号召加利益导向，广大企业家准能热烈响应，并汇聚成强大的"正规军"开赴农村创建千千万万个实战舞台。

（4）农民主力军面对国家如此的扶助，必然深怀无比感激的心情投入并奋力主战。

（5）国内外诸多商家和金融界早已看好中国农村的市场潜力，只要社会导向发出信号，他们就会抓住良机，选择基地，开发农村产业的资金会从国内外迅速的流入，形成强大的社会支持力量。

（6）国家财力已有足够的能力和把握主导城镇化这场战斗。本来中央财政每年都已向农村投入了大量的建设资金，而且逐年都在加大投入力度。

---

① 李克强：《中央经济工作会议报告》，人民网，2012 年 12 月 16 日。

如果换个方式投入，国家把直接投入中的一部分变为支持和扶助千千万万个企业去农村创业，必然将有限的财力变为巨大的动力，调动无数企业奔赴农村创业的积极性，将汇集成千上万的企业超出中央财政投入农村多少倍甚至上百倍的资金源直接投入城镇化建设。

（7）县（市）、乡（镇）广大干部一直困惑着城镇化建设的动力不足。一旦调整运行模式，如此大的社会力量涌来，将使他们在无比兴奋中努力挖掘各自的工作潜力，不惜为中华民族 21 世纪最伟大的战役付出汗水和心血。

（8）中央部、办、委各职能部门的官员和各级政府官员长期都在为农村的落后忧虑，绝大多数官员本身就是出身乡村，发自内心对乡村怀有深厚感情。改变中国农民的状况是他们心中由来已久的愿望，如能盼到国家从宏观上调动社会资源建设农村城镇化，他们无疑都会利用自己的工作平台，为农村城镇化建设这一全民族为之动情的伟大事业推波助澜。

（9）数万专家必然倾力投入。当年韩国建新村，政府采取全社会动员，并调动了 25 万专家指导者分布乡村，平均每个村有 4～5 名指导者。

我国科技人员力量雄厚。据相关部门介绍：目前，中国科技人力资源总量达到4200万人，居世界第一，研究开发人员总量 190 万人，居世界第二位。[①]

在这个庞大的专家群体中，数万涉农专家早已穿行于乡村，专心调查研究。一旦迎来全社会力量携手共建农村城镇化的机会，专家们和广大科技工作者更会忘我地工作，为城镇化建设出谋划策。

（10）大学校园已为城镇化建设预备了一支十分可贵的生力军。近年来，成千上万的大学生放弃城市的优越生活，下到农村当村官。

---

① 中新网 2009 年 9 月 17 日。

他们带给农村的新思想、新观念，已为农村建设发挥了良好作用，取得了可喜成绩。

目前，这种趋势已得到了社会的广泛认可，大学校园选择这一志愿的人数越来越多。只要社会高高举起这面鼓励和动员大学生下乡的旗帜，全国大学生必将积极响应号召，汇集成强大的知识人才队伍，直插广大农村，成为农村城镇化建设中一支不可忽视的巨大力量。

上述十大优势，已为我国城镇化建设过程中实施运行模式大调整做好了充分准备。预计基本可以达到从宏观上调动整个社会各类资源，包括人力、物力、财力资源，并克服来自各方面的阻力和障碍，把城镇化建设推至一个全新的格局。力求 1 年起高潮，2 年出成效，3 年大变样，6～8 年基本实现中央提出的城乡同步进入小康的总体目标。

我们党高瞻远瞩地看清了 21 世纪中国最紧迫的历史性任务——解决农村问题。人们期待，在党中央国务院的坚强领导下，刻不容缓地集中优势兵力，汇合 13 亿中国人民的集体力量，乃至世界华人和各国友人的力量，以超常的胆识和只争朝夕的精神，去赢得这场“战争”的全面胜利！铸造中华民族 21 世纪最伟大的历史丰碑！

参考文献

1. 王学真，高峰：《农业国际化和现代化的互动发展道路》，人民出版社 2007 年版。

2. 陈水乡：《农业科技创新体系建设的实践与探索》，中国农业出版社 2007 年版。

3. 张建华：《入世后再论中国面临的紧要问题》，经济日报出版社 2001 年版。

4. 程超泽：《走出山坳的中国》，深圳海天出版社 1995 年版。

5. 侯俊琳，牛玲，胡升华：《2008 高技术发展报告》，科学出版社 2008 年版。

6. 蔡建文：《中国农民工生存纪实》，当代中国出版社 2006 年版。

7. 朱祖希：《园林北京》，北京工业大学出版社 2007 年版。

8. 郭金平，宋屹，贾玉娥：《建设社会主义先进文化的重大问题研究》，河北人民出版社 2006 年版。

9. 陆学艺：《当代中国社会阶层研究报告》，社会科学文献出版社 2002 年版。

10. 人民日报理论部：《新农村建设》，红旗出版社 2006 年版。

11. 费孝通：《江村经济——中国农民的生活》，商务印书馆 2001 年版。

12. 卜万锁：《科教兴村理论与实践的探索》，中国农业出版社 2003 年版。

13. 陆远如，段凌峰，王丹宇：《话说城乡统筹》，湖南师范大学出版社2007年版。

14. 孙翔：《教育改革的成功之路》，中国农业出版社1998年版。

15. 孙瑞玲：《现代农业建设的路径与模式研究》，中国时代经济出版社2008年版。

16. 都市环境学编委会：《城市环境学》，机械工业出版社2005年版。

17. 窦鸿潭：《三农中国》，湖北人民出版社2006年版。

18. 许宝健：《调查三农》，人民出版社2008年版。

19. 陆世宏：《中国农业现代化道路的探索》，社会科学文献出版社2006年版。

20. 何康：《中国农业年鉴1983》，中国农业出版社1984年版。

21. 王祥荣，吴人坚，张浩：《中国城市生态环境问题报告》，江苏人民出版社2006年版。

22. 黄钢，徐玖平：《农业科技价值链系统创新论》，中国农业科学技术出版社2007年版。

23. 薛涌：《中国不能永远为世界打工》，云南人民出版社2006年版。

24. 戈登·沃克：《现代竞争战略》，中国人民大学出版社2006年版。

25. 西爱琴，陆文聪：《中国农业风险决策研究：理论、模型于实证》，经济科学出版社2007年版。

26. ［美］约翰·S. 戈登，祁斌译：《伟大的博弈》，中信出版社2005年版。

27. 侯俊琳：《2006科学发展报告》，科学出版社2006年版。

28. 王辉耀：《人才战争》，中信出版社2009年版。

29. 李静海：《能源发展战略研究》，化学工业出版社2004年版。

30. 马光：《环境与可持续发展导论（第二版）》，科学出版社

2000 年版。

31. 郑杭生：《当代中国城市社会结构》，中国人民大学出版社 2004 年版。

32. 李长莉：《左玉河、近代中国的城市与乡村》，社会科学文献出版社 2006 年版。

33. 北京师范大学：《中国农民问题》，团结出版社 2006 年版。

34. 宋晓梧：《中国社会保障体制改革与发展报告》，中国人民大学出版社 2001 年版。

35. 孙养学：《农业高新技术企业成长研究》，中国农业出版社 2006 年版。

36. 王东京：《中国的难题》，中国青年出版社 2006 年版。

37. D. 盖尔·约翰逊：《经济发展中的农业、农村、农民问题》，商务印书馆 2004 年版。

38. 王玉君：《当代中国就业与劳动关系》，中国劳动和社会保障出版社 2009 年版。

39. 王玉君：《当代中国社会保障制度》，中国劳动和社会保障出版社 2009 年版。

40. 何承伟：《行走人类的财富与骄傲中国瑰宝》，上海文艺出版总社 2007 年版。

41. 何承伟：《行走中国品读水之韵江南古镇》，上海文艺出版总社 2007 年版。

42. 中央宣传部：《国外农村道德生活面面观》，山东人民出版社 2006 年版。

43. 杨欢进，何焱：《高中庭、党领导经济工作的体制机制和方式研究》，河北人民出版社 2006 年版。

44. 李伶：《西藏之水救中国》，中国长安出版社 2005 年版。

45. 中国农学会：《中国科教兴国的实践》，北京中国农业出版社 1997 年版。

46. 北京市国税局：《税收法规选编（上册）》，中国税务出版社2000年版。

47. 北京市国税局：《税收法规选编（下册）》，中国税务出版社2000年版。

48. 袁方：《中国社会结构转型》，中国社会出版社1998年版。

49. 严忠浩：《中国人饮食有问题》，山西书海出版社2006年版。

50. 费勇：《诊断地球》，广东花城出版社1997年版。

51. 沈北海：《农村社会保障新探索、（上）》，广西人民出版社2005年版。

52. 沈北海：《农村社会保障新探索、（下）》，广西人民出版社2005年版。

53. 李易方：《绿色奶源基地建设指南》，中国农业出版社2004年版。

54. 李易方：《奶业春秋》，中国农业出版社1999年版。

55. 农业部：《中国畜牧业一体化十年》，中国农业出版社1993年版。

56. 李易方：《建设绿色奶源基地》，农村读物出版社2006年版。

57. 孙翔：《九十年代日本的农业与农业教育》，中国农业出版社1994年版。

58. 人事部，中国科学院：《新世纪科学技术发展与展望》，中国人事出版社2002年版。

59. 孟建柱：《现代农业发展之路》，人民出版社2007年版。

60. 邓三龙，彭福扬：《生态经济与中国农业的可持续发展》，中国言实出版社2003年版。

61. 杨万江：《食品安全生产经济研究》，中国农业出版社2006年版。

62. 约翰·奈斯比特：《大趋势》，中国社会科学出版社1984年版。

63. 刘森：《零资源大思想（上）》，河南人民出版社2009年版。

64. 刘森:《零资源大思想(下)》,河南人民出版社2009年版。

65. 洪名勇:《建设新农村与贵州三农问题研究》,中国经济出版社2008年版。

66. 童兴:《建设社会主义新农村》,研究出版社2006年版。

67. 纪宝成,杨瑞龙:《中国经济发展研究报告》,中国人民大学出版社2003年版。

68. 郑金兰:《三农手记》,上海文献出版社2006年版。

69. 何炼成:《价值学说史》,商务印书馆2006年版。

70. 樊树志:《国史概要》,复旦大学出版社2005年版。

71. 郭延宝:《我为三农开药方》,内蒙古文化出版社2005年版。

72. 李金亮:《希望的土地》,暨南大学出版社1991年版。

73. 阮成发:《WTO与政府改革》,经济日报出版社2001年版。

74. 梁建增,赛纳,张洁:《调查中国(第三部)》,民族摄影艺术出版社2001年版。

75. 刘君德,冯春萍,华林甫:《中外行政区划比较研究》,华东师范大学出版社2002年版。

76. 陈绶祥:《素质教育在中国》,羊城晚报出版社2000年版。

77. 秦富,王东阳:《农业经济与科技发展研究》,中国农业出版社2007年版。

78. 李剑阁:《中国新农村建设调查》,上海远东出版社2007年版。

79. 何清涟:《现代化的陷阱》,今日中国出版社1998年版。

80. 李成勋:《中国经济发展战略》,社会科学文献出版社2005年版。

81. 胡鞍钢:《影响决策的国情报告》,清华大学出版社2002年版。

82. 许新:《建设社会主义新农村》,新华出版社2006年版。

83. 单吉堃:《有机农业发展的制度分析》,中国农业大学出版社2008年版。

84. 农业部：《中国农业统计资料》，中国农业出版社1999年版。

85. 中国机构与编制杂志社：《中国大城市机构改革思路》，辽宁人民出版社1994年版。

86. 张成福：《大变革》，改革出版社1993年版。

87. 中央宣传部：《科学发展观学习读本》，学习出版社2006年版。

88. 费孝通：《乡土中国》，北京出版社2005年版。

89. 陈宗瑜：《婚姻家庭制度论》，湖南出版社1993年版。

90. 邹东涛，华晓红：《人世机遇与挑战》，人民出版社1999年版。

91. 张秀英，刘金铃：《中国西部地区乡镇负债问题研究》，人民出版社2004年版。

92. 李超贵：《中国农村大写意》，湖南文艺出版社1993年版。

93. 隆少秋：《中国农村系统发展研究》，华南理工大学出版社2008年版。

94. 郭书田：《中国农村改革开放经历回顾》，中国农业出版社2008年版。

95. 孙炳堃，周刚：《管理学基础》，天津大学出版社2001年版。

96. 京伍：《言论中国》，中国检察出版社1999年版。

97. 于光远，苏星：《政治经济学（上册)》，人民日报社1977年版。

98. 杰克·伦敦：《生命有多顽强》，中国长安出版社2004年版。

99. 萨米尔·阿明：《世界一体化的挑战》，社会科学文献出版社2003年版。

100. 彭富国：《现代科技基础知识》，湖南人民出版社2003年版。

101. 张润生，陈士俊：《中国古代科技名人传》，中国青年出版社1981年版。

102. 王梓坤：《科学发现纵横谈》，上海人民出版社1978年版。

103. 拉塞尔·M. 林登：《无缝隙政府》，中国人民大学出版社2002年版。

104. 孟繁森：《国家资助农业科技项目》，经济科学出版社2006

年版。

105. 国务院发展研究中心：《世界发展状况 2002》，时事出版社 2002 年版。

106. 曹平：《点点滴滴看世界（第一辑）下》，新华出版社 2000 年版。

107. 曹平：《点点滴滴看世界（第一辑）上》，新华出版社 2000 年版。

108. 任建标：《战略运营管理》，清华大学出版社 2004 年版。

109. 吴赛玉：《生物化学》，中国科学技术大学出版社 2005 年版。

110. 王凯雄，胡勤海：《环境化学》，化学工业出版社 2006 年版。

111. ［美］B·盖伊·彼得斯：《政府未来的治理模式》，中国人民大学出版社 2001 年版。

112. ［加］加里斯·摩根：《驾驭变革的浪潮》，中国人民大学出版社 2002 年版。

113. 刘迎秋，李金元：《新置换理论》，中国社会科学出版社 2003 年版。

114. ［澳］欧文·E. 休斯：《公共管理导论（第二版）》，中国人民大学出版社 2001 年版。

115. 陈声明，张立钦：《微生物学研究技术》，科学出版社 2006 年版。

116. 王东京，田清旺，赵锦辉：《中国经济改革 30 年政府转型卷》，重庆大学出版社 2008 年版。

117. 邢涛：《生物学习百科》，北京出版社 2005 年版。

118. 曾福生：《促进农民增收的技术经济问题研究》，中国农业科技技术出版社 2005 年版。

119. 唐钧：《政府形象与民意思维》，中国传媒大学出版社 2009 年版。

120. 尚福林：《中国资本市场发展报告》，中国金融出版社 2008

年版。

121. 郑易生：《中国环境与发展评论（第二卷）》，社会科学文献出版社2004年版。

122. 洪向华：《复兴之路》，青岛出版社2007年版。

123. 对外贸易经济合作部：《中国对外经济贸易白书皮》，中国社会科学出版社2000年版。

124. 张晓霞：《中国高层智囊》，京华出版社2000年版。

125. 周振国，梁世和：《构建社会主义和谐社会的基本理论研究》，河北人民出版社2006年版。

126. 王金池，张连月，谷志远：《党的执政理论科学体系研究》，河北人民出版社2006年版。

127. 孙翔：《教育改革的成功之路》，中国农业出版社1998年版。

128. 李秀峰：《农业共性技术导论》，中国农业科学技术出版社2006年版。

129. 李京文：《科技富国论》，社会科学文献出版社1995年版。

130. 马维刚，马维杰：《中国下一个50年》，南海出版公司2000年版。

131. 程民生：《中国北方经济史》，人民出版社2004年版。

132. 石广生：《中国加入世界贸易组织知识读本》，人民出版社2001年版。

133. 张晓霞：《中国高层智囊》，京华出版社2000年版。

134. 沙勇忠：《复兴之路》，兰州大学出版社2003年版。

135. 王振中：《中国农业、农村与农民》，社会科学文献出版社2006年版。

136. 常力农：《技术哲学》，湖南大学出版社2003年版。

137. 冯旭芳：《农村市场化理论与方法》，中国经济出版社2006年版。

138. 中央组织部：《加强以党支部为核心的村级组织配套建

设》，改革出版社 1990 年版。

139. 李欣：《这里是北京》，华艺出版社 2007 年版。

140. 王永昌，李晓秀，高晓晶：《生态北京》，工业大学出版社 2007 年版。

141. 黎东升，马敬桂：《农业及农村经济发展问题》，中国农业出版社 2008 年版。

142. 黄烈佳：《农地城市流转及其决策研究》，中国农业出版社 2007 年版。

143. 孙文友：《希望的田野》，浙江大学出版社 2009 年版。

图书在版编目（CIP）数据

中国城镇化建设模式研究报告／李珀榕著.—北京：国家行政学院出版社，2013.3
ISBN 978-7-5150-0710-6

Ⅰ.①中… Ⅱ.①李… Ⅲ.①城市化—研究报告—中国 Ⅳ.①F299.21

中国版本图书馆CIP数据核字（2013）第046870号

书　　名	中国城镇化建设模式研究报告
作　　者	李珀榕　著
责任编辑	刘正刚
出版发行	国家行政学院出版社
	（北京市海淀区长春桥路6号　　100089）
	（010）68920640 68929037
	http://cbs.nsa.gov.cn
经　　销	新华书店
印　　刷	北京文昌阁彩色印刷有限责任公司
版　　次	2013年2月北京第2版
印　　次	2013年2月北京第2次印刷
开　　本	787毫米×1092毫米　1/16开
印　　张	16印张
字　　数	164千字
书　　号	ISBN 978-7-5150-0710-6
定　　价	48.00元